日语完全教程

练习册

第三册

日本语教育教材开发委员会 编著
新东方日语教研组 编译

北京大学出版社
PEKING UNIVERSITY PRESS

著作权合同登记号　图字:01-2013-4541

图书在版编目(CIP)数据

日语完全教程:练习册. 第 3 册 / 日本语教育教材开发委员会编著. —北京 : 北京大学出版社，2013.7

ISBN 978-7-301-22716-9

Ⅰ.①日… Ⅱ.①日… Ⅲ.①日语－水平考试－习题集 Ⅳ.①H369.6

中国版本图书馆 CIP 数据核字(2013)第 144197 号

Copyright ⓒ 西暦年号 by SenmonKyouiku Publishing Co. ,Ltd.

中国内の出版・販売権は北京大学出版社が有しており、それについて株式会社専門教育出版は同意した。

经由专门教育出版株式会社同意,本书在中国的出版、销售权归北京大学出版社所有。

书　　　　名：	日语完全教程:练习册・第三册
著作责任者：	日本语教育教材开发委员会　编著
责 任 编 辑：	兰　婷
标 准 书 号：	ISBN 978-7-301-22716-9/H・3336
出 版 发 行：	北京大学出版社
地　　　　址：	北京市海淀区成府路 205 号　100871
网　　　　址：	http://www.pup.cn　　新浪官方微博:@北京大学出版社
电 子 信 箱：	lanting371@163.com
电　　　　话：	邮购部 62752015　发行部 62750672　编辑部 62759634　出版部 62754962
印 刷 者：	三河市博文印刷有限公司
经 销 者：	新华书店

787 毫米×1092 毫米　16 开本　6.5 印张　170 千字

2013 年 7 月第 1 版　2017 年 12 月第 3 次印刷

定　　　　价：21.00 元

未经许可,不得以任何方式复制或抄袭本书之部分或全部内容。

版权所有,侵权必究

举报电话：010-62752024　电子信箱：fd@pup.pku.edu.cn

前言

本书为《日语完全教程》第三册配套练习册。第三册课本与前两册相同，也是由20课构成，但不同的是，各课围绕着一个设定好的目标进行展开。相应地，练习册中的复习项目大量涉及各项语法功能及其使用方法，减少了「練習」（练习）中的简单填空题和变形题的比例，而增加了思考及应用的题型。

本书进一步发展了课本的「練習」（练习），并且与课本不同的是，它通过相对简单的练习来巩固课本的学习内容，可以起到对课本的补充作用。

在本书中，各课都设有「練習」（练习）页和简化的测试题「チャレンジ」（挑战）页。通过这些习题，学习者可以利用「練習」（练习）部分来巩固语法，通过「チャレンジ」（挑战）部分来测试自己运用语言的能力。同时，教师也可以轻松把握各课的学习效果。此外，完成本教材的学习后，本书还在20课之后的位置设有共计10页内容的「テスト」（测试）。「テスト」（测试）共分为语法、词汇、阅读部分，每部分都标有分值，满分100分，可以用来检测学习者的综合学习效果。

本书如能帮助各位进一步巩固第三册课本所学，则深感荣幸。

2013 年 4 月

编者

前書き

　本書は「学ぼう！　にほんご　初中級」に準拠した練習問題集です。初中級教科書は初級1・2と同様、全20課構成になっておりますが、これまでとは違い、それぞれの課に設定された目標を前提とした本文を中心に展開しております。復習項目につきましても、それぞれの文法の機能や使い方の部分について多く触れており、「練習」に関しても単純な穴埋めや変形練習の割合を減らし、考え応用するものを増やしてあります。

　本書は、この教科書の「練習」をさらに発展させ、またテキストとは逆に単純な練習による学習内容の定着もしっかりと時間をとってできるように構成されておりますので、テキストの補完としての役割を十分に果たすものとなります。

　各課とも、「練習」のページと、簡素化されたテスト「チャレンジ」のページから構成されております。これにより、学習者は「練習」で文法を定着させ、「チャレンジ」で自分の運用能力を試すことができ、また、教師はその課ごとの達成度を測ることが容易にできるようになっています。さらに、初中級のテキストの学習を全て終えたことを前提として行う、合計10ページから構成される「テスト」が20課の後に掲載されております。この「テスト」は、文法・語彙・読解部門に分かれており、問題ごとに配点を付し、100点満点となっておりますので、総括的な到達度を見るテストとしてご利用いただけるように工夫されております。

　本書を、「学ぼう！　にほんご　初中級」の学習内容の完全定着のために、各課の確認、復習あるいは宿題教材として十分にご活用いただければ編著者としてこれ以上の喜びはありません。

日本語教育教材開発委員会

4

目录

問題 Ⅰ □の中から言葉を選んで、助詞をつけて＿に書きましょう。

勉強や（例）＿**アルバイトで**＿ 忙しい毎日です。日本語だけでなく、

(1)＿＿＿＿＿＿ 勉強が難しくなってきてちょっと大変ですが、がんばってい

ます。 (2)＿＿＿＿＿＿ 言語学の勉強が面白いです。その授業で今度、ひとつ

の (3)＿＿＿＿＿＿ ついて学生が一人ずつ順番に (4)＿＿＿＿＿＿ すること

になりました。私のテーマは (5)＿＿＿＿＿＿ ついてです。このテーマが自分

の (6)＿＿＿＿＿＿ なったとき、先生のことがすぐに (7)＿＿＿＿＿＿ 浮か

びました。

アルバイト	頭	担当	テーマ
専門	最近	発表	方言

問題 Ⅱ 正しい文になるように、動詞の形を変えましょう。

（例）「帰ります」

A：もしもし、今井ですけど、田中さんいらっしゃいますか。

B：田中ですか。すみません、田中なら、たった今＿**帰った**＿ところです。

(1)「作ります」

A：もしもし、今大丈夫ですか。

B：すみません、今ちょっと夕飯を ＿＿＿＿＿＿ ところなので、手が離せない

んです。

A：あ、そうですか、じゃあ、また後で電話します。

(2)「説明します」

A：すみません遅くなりました。

B：大丈夫ですよ、今から ＿＿＿＿＿＿ ところですから。早く席に座ってくだ

さい。

(3)「予約します」

A：ホテルの予約はもうした？　そろそろ予約しないと泊まれなくなるからね。

B：はい、今 ＿＿＿＿＿＿＿＿＿ ところです。まだ空いていたのでよかったです。

問題 Ⅲ　正しいほうを選んで〇をつけましょう。

(例) 私もそろそろ進学に（ついての／(ついて)）ちゃんと考えなければなりません。

(1) 昨日は日本のサッカーに（ついての／ついて、）友達と夜遅くまで話しました。

(2) さっきの地震に（ついての／ついて、）情報は、もうテレビで放送しています。

(3) 携帯電話の料金に（ついての／ついて、）質問は「2」を押してください。

(4) ＡＴＭの使い方に（ついての／ついて、）先生に教えてもらいました。

(5) 留学生の就職に（ついての／ついて、）相談会が、明日開かれます。

(6) この前、結婚に（ついての／ついて、）番組を見た。

問題 Ⅳ　言葉を並べ替えて正しい文を作りましょう。

(例) ちょうど／ところだった／教室に／入ったら／始まる／試験が

　教室に入ったら、ちょうど試験が始まるところだった　　　　　　　　　。

(1) 教えて／について／日本語能力試験／いただけませんか

　＿＿＿＿＿＿＿＿＿＿＿＿＿＿＿＿＿＿＿＿＿＿＿＿＿＿＿＿＿＿＿。

(2) 5分くらいで／郵便局に／ところでした／行ったら／あと／閉まる

　＿＿＿＿＿＿＿＿＿＿＿＿＿＿＿＿＿＿＿＿＿＿＿＿＿＿＿＿＿＿＿。

(3) 駅に／ワンです／もしもし／ところです／今／けど、／着いた

　＿＿＿＿＿＿＿＿＿＿＿＿＿＿＿＿＿＿＿＿＿＿＿＿＿＿＿＿＿＿＿。

(4) 勉強／私は／詳しく／について／デザイン／したいです

　＿＿＿＿＿＿＿＿＿＿＿＿＿＿＿＿＿＿＿＿＿＿＿＿＿＿＿＿＿＿＿。

(5) を／情報は／こちら／ツアー／についての／ご覧ください

　＿＿＿＿＿＿＿＿＿＿＿＿＿＿＿＿＿＿＿＿＿＿＿＿＿＿＿＿＿＿＿。

問題 V　どうして＿＿＿＿のように頼んでいますか。

（例）

A：プレゼントなので、箱に入れて、紙で包んでいただけないでしょうか。

B：はい、かしこまりました。

（　　**プレゼントだから。**　　）

（1）

A：何時に行けばよろしいですか。

B：そうですね、3時に会議が終わるから4時頃来てくれませんか。

A：わかりました。ではその時間にうかがいます。

（　　　　　　　　　　　　　　　　　　　　　　）

（2）

A：マリンタワーに行きたいんですが、場所がよくわからないんです。

　教えていただけませんか。

B：ええ、いいですよ。

（　　　　　　　　　　　　　　　　　　　　　　）

問題 VI　漢字はひらがなで、ひらがなは漢字で書きましょう。

（例）「難しい」　→　　**むずかしい**　　　　「たいへん」　→　　**大変**

（1）「さむい」　　　→　＿＿＿＿＿＿　　（2）「忙しい」　　　→　＿＿＿＿＿＿

（3）「目標」　　　　→　＿＿＿＿＿＿　　（4）「ひがしぐち」　→　＿＿＿＿＿＿

（5）「ぶんかさい」　→　＿＿＿＿＿＿　　（6）「課題」　　　　→　＿＿＿＿＿＿

★ チャレンジ ①

月　　日　名前 ＿＿＿＿＿＿＿＿＿

(1) 最後（さいご）に会ってから長い時間が経（た）ってしまった人にあいさつをするとき、何と言いますか。　＿＿＿＿＿＿ に答えを書きましょう。

①　＿＿＿＿＿＿＿＿＿＿ 。　　お元気ですか。　…

(2) 何と読みますか。ひらがなで書きましょう。

②「環境」　　　　→　＿＿＿＿＿＿＿＿

③「お世話になる」→　＿＿＿＿＿＿＿＿

(3) 漢字で書きましょう。

④「しつれいします」→　＿＿＿＿＿＿＿＿

⑤「おもいだす」　→　＿＿＿＿＿＿＿＿

(4)「直後（ちょくご）」とは、どんな意味ですか。

⑥　＿＿＿＿＿＿＿＿＿＿＿＿＿＿

(5) ＿＿＿＿ に言葉を書きましょう。

⑦ホームに行ったら、ちょうど電車が ＿＿＿＿＿＿＿＿ だったので、急いで乗りました。

(6) 言葉を並（なら）べ替（か）えて正しい文を作りましょう。

作文を／資料（しりょう）を見て、／自分の国の／経済（けいざい）／書きました／についての

⑧　＿＿＿＿＿＿＿＿＿＿＿＿＿＿＿＿＿＿＿＿＿＿＿＿＿ 。

(7) 人に何かを「頼（たの）む」ときは、何を言ってから頼（たの）みますか。

⑨　＿＿＿＿＿＿＿＿＿＿

(8) ていねいな言葉を使って、「引越（ひっこ）しを手伝ってほしい」と、人に頼（たの）みましょう。

⑩　＿＿＿＿＿＿＿＿＿＿＿＿＿＿

正解	
	10 問

問題 Ⅰ ☐の中から言葉を選んで、助詞をつけて＿＿＿に書きましょう。

今井 ： すみません、小林さん。

小林 ： 今井どうした？　大丈夫か、顔色が（例）＿＿悪いぞ＿＿ 。

今井 ： ええ、少し風邪気味なので、今日は早く帰らせていただけませんか。

小林 ： そうか。今晩からまた寒くなるようだし、今のうちに帰ったほうが

(1) ＿＿＿＿＿＿＿＿＿ 。

今井 ： はい、気をつけます。

小林 ： 何か急ぐ (2) ＿＿＿＿＿＿＿＿＿ ？

今井 ： ありがとうございます。今日は特にありません。

小林 ： うん、分かった。じゃあ、お (3) ＿＿＿＿＿＿＿＿＿ 。

今井 ： はい、じゃあ (4) ＿＿＿＿＿＿＿＿＿ 、(5) ＿＿＿＿＿＿＿＿＿ 失礼いたします。

悪い　　すみません　　お先　　いい　　大事　　仕事

問題 Ⅱ 正しい文になるように、言葉を書きましょう。

（例）少し ＿＿風邪＿＿ 気味なので、今日は早く帰らせていただけませんか。

(1) 忙しい日が続いたので、体が ＿＿＿＿＿＿＿＿＿ 気味です。

(2) 近頃勉強を ＿＿＿＿＿＿＿＿＿ 気味ですよ。しっかりしてくださいね。

(3) 12 月になって、気温が ＿＿＿＿＿＿＿＿＿ 気味なので、体調管理をしっかり

しましょう。

(4) 運動会の準備が ＿＿＿＿＿＿＿＿＿ 気味なので、急いでください。

(5) 子供が家の中でゲームをする時間は、＿＿＿＿＿＿＿＿＿ 気味で、外で遊ぶ時

間は ＿＿＿＿＿＿＿＿＿ 気味です。

問題 Ⅲ　正しい文になるように線でつなぎましょう。

（例）雨が降らないうちに　　　　・　　　・a. 飲んでください。

(1) 洗濯物が乾かないうちに　　・　　　・**b. 帰りましょう。**

(2) アイスが溶けないうちに　　・　　　・c. 車のタイヤを替えなければならない。

(3) コーヒーが冷めないうちに・　　　・d. 雨が降ってきてしまいました。

(4) たくさん時間があるうちに・　　　・e. 勉強しておこうと思います。

(5) 雪が降らないうちに　　　　・　　　・f. もう梅田駅を過ぎていました。

(6) 電車の中で寝ているうちに・　　　・g. 冷凍庫に入れてください。

問題 Ⅳ　言葉を並べ替えて正しい文を作りましょう。

（例）ので／開けさせて／ください／窓を／暑い

　　　暑いので窓を開けさせてください　　　。

(1) 晩ご飯／夫が／うちに／作ります／を／帰って来ない

_____。

(2) 子供が／山田さんと／うちに／どこかへ／話している／行ってしまいました

_____。

(3) 食べているので／栄養が／気味です／カップラーメン／不足／最近、／ばかり

_____。

(4) 雪が／雪国では／降らない／いろいろな／します／うちに／準備を

_____。

(5) 近頃、／とても／祖母が／心配です／気味／やせ／なので、

_____。

(6) アルバイトの／下がり／先月から／気味です／しすぎで／成績が

_____。

(7) お母さんが／ゲームを／勉強しよう／やめて／怒らない／うちに

_____。

問題 Ⅴ 　正しい文には〇、正しくないものには×を書いて、正しい文を書きましょう。

（例1）たばこを吸ってもよろしいですか。　　　（ 〇 ）

_____ 。

（例2）車をここに止めてさせてもらえませんか。（ × ）

**　　車をここに止めさせてもらえませんか　　** 。

（1）水を飲ませていただいてもよろしいですか。　（　　）

_____ 。

（2）携帯電話の番号を教えてくれてもいいですか。（　　）

_____ 。

（3）A：コートはそこにかけておいてください。

　　 B：はい、どうぞ 。　　　　　　　　　　（　　）

_____ 。

（4）A：このペンをお借りしてもよろしいですか。

　　 B：ええ、ありがとうございます 。　　　（　　）

_____ 。

問題 Ⅵ 　漢字はひらがなで、ひらがなは漢字で書きましょう。

（例）「難しい」 → 　**むずかしい**　　　「たいへん」 → 　**大変**

（1）「ねつ」　 → _____　　（2）「痛い」　 → _____

（3）「無理」　 → _____　　（4）「ふとる」 → _____

（5）「しぜん」 → _____　　（6）「立派」　 → _____

（7）「ゆるす」 → _____　　（8）「履歴書」 → _____

★ チャレンジ ②

月　　日　名前 _____

(1) 「うちに」と「ないうちに」のどちらが入りますか。

①きっと、あの服は値段が上がりますから、安い _____ 買っておこう。

(2) 何と読みますか。ひらがなで書きましょう。

②「駐車」　→　_____

③「迎え」　→　_____

(3) 漢字で書きましょう。

④「ふやす」　　　→　_____

⑤「ひていけい」　→　_____

(4) 「緊張する」を使う文はどれですか。（形を変えてもいいです）

a. 風邪をひいて…。　b. …失敗した。　c. …うれしかった。　d. テストが終わって…。

⑥（　　　　　　）

(5) 「怠ける」を正しく使っている文はどちらですか。

a. 最近そうじを怠けていたので部屋がきたない。

b. 昨日は、学校を怠けてゲームセンターで遊んでいました。

⑦（　　　　　　）

(6) 言葉を並べ替えて正しい文を作りましょう。

くださいノ今、ノ休憩してきてノ忙しくノならないノうちにノ少ないので、ノお客さんが

⑧ _____ 。

(7) 許可を求められたときの、正しい返事はどちらですか。

⑨この言葉の意味を教えてもらってもいいですか。

（　ええ、いいですよ　／　ええ、どうぞ　）

(8) ていねいな言葉を使って、許可を求めましょう。

⑩「教室で勉強すること」

_____ 。

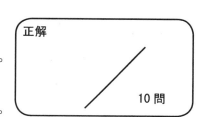

正解

10 問

問題 Ⅰ □の中から言葉を選んで、助詞をつけて＿＿に書きましょう。

（例）＿＿**車椅子に**＿＿ 乗ってもできるスポーツがたくさんあると教えてくれたので、いろいろ調べてみようと思います。そして（1）＿＿＿＿＿＿ ように、いつか僕も日本（2）＿＿＿＿＿＿ なって（3）＿＿＿＿＿＿ かつやくしたいです。そのためにいろいろな（4）＿＿＿＿＿＿ 言葉をたくさん勉強しようと思います。

　　鈴木選手の（5）＿＿＿＿＿＿ 、たくさん（6）＿＿＿＿＿＿ できました。

（7）＿＿＿＿＿＿ ありがとうございました。これからもがんばってください。僕が退院して元気になったら、また会ってくださいね。

車椅子	おかげ	**鈴木選手**	本当	国	世界	目標	代表

問題 Ⅱ 正しい文になるように、言葉をつなげましょう。

（例）父　→　一生懸命働く　→　家族は幸せだ。

　　父が一生懸命働いているおかげで家族は幸せだ　　　　　。

（1）先生　→　本を紹介してくれた　→　歴史が好きになった。

＿＿＿＿＿＿＿＿＿＿＿＿＿＿＿＿＿＿＿＿＿＿＿＿＿。

（2）毎日　→　新聞を読む　→　漢字がわかるようになってきた。

＿＿＿＿＿＿＿＿＿＿＿＿＿＿＿＿＿＿＿＿＿＿＿＿＿。

（3）友達に聞いた　→　アドバイス　→　試験勉強がうまく進んだ。

＿＿＿＿＿＿＿＿＿＿＿＿＿＿＿＿＿＿＿＿＿＿＿＿＿。

（4）娘　→　買ってもらった　→　マフラー　→　全然寒くない。

＿＿＿＿＿＿＿＿＿＿＿＿＿＿＿＿＿＿＿＿＿＿＿＿＿。

（5）雨が降っていた　→　母　→　車で迎えに来てくれた　→　ぬれなかった。

＿＿＿＿＿＿＿＿＿＿＿＿＿＿＿＿＿＿＿＿＿＿＿＿＿。

問題 III 言葉の意味を簡単に説明しましょう。

(例)「車椅子」

　　<u>座ったまま動くことができる、車のついた椅子のこと</u>　　　。

(1)「継続（する）」

　　_____。

(2)「動作」

　　_____。

(3)「ボランティア」

　　_____。

問題 IV 言葉を並べ替えて正しい文を作りましょう。

(例) 人に／父／と／思っています／なりたい／のような

　　<u>父のような人になりたいと思っています</u>　　。

(1) 彼が／言った／できました／ように／上手に／したら、

　　_____。

(2) 愛される／みんなに／ような／育てたい／子に／この子を、

　　_____。

(3) 字を／日本人が／ような／パクさんは／書きました／書いた

　　_____。

(4) コーラ／甘く／入れすぎて、／なってしまった／砂糖を／コーヒーに／のように

　　_____。

(5) 仲が／している／のように／よくて、／いつも／あの２人は／恋人

　　_____。

(6) 相手が／ように／強かったので、／コーチに／できませんでした／言われた

　　_____。

（例）（　×　）

A：辞書を貸してくれて、ありがとうございました。

B：はい、貸しました。

　　（1）（　　　）

A：道を教えていただいて、助かりました。

B：いえいえ、助かりましたね。

　　（2）（　　　）

A：子供がいつもお世話になっています。

B：いえいえ、こちらこそ。

　　（3）（　　　）

A：話をしてくださっていただきまして、ありがとうございました。

B：いえいえ、とんでもない。

　　（4）（　　　）

A：家まで送っていただいてすみません。どうもありがとうございました。

B：いえいえ、私の家もこっちですから。

　　（5）（　　　）

A：先生のおかげで、いい学校に入ることができました。いい学校を紹介していただいて、ありがとうございました。

B：いえいえ、合格できてよかったですね。

問題 VI　漢字はひらがなで、ひらがなは漢字で書きましょう。

（例）「難しい」→　**むずかしい**　　　「たいへん」→　**大変**

(1)「しんぶん」→ ＿＿＿＿＿＿　　(2)「きもち」　→ ＿＿＿＿＿＿

(3)「感謝」　→ ＿＿＿＿＿＿　　(4)「まよう」　→ ＿＿＿＿＿＿

(5)「おしろ」→ ＿＿＿＿＿＿　　(6)「ちょうし」→ ＿＿＿＿＿＿

(7)「興味」　→ ＿＿＿＿＿＿　　(8)「年賀状」　→ ＿＿＿＿＿＿

★ チャレンジ ③

月　　日　名前 _____

(1) 正しいほうを選びましょう。

①この辞書は、石の（　ような　／　ように　）重いです。

②わたしは、彼の言った（　ように　／　のように　）話してみました。

(2) 何と読みますか。ひらがなで書きましょう。

③「お礼」　→　_____

④「荷物」　→　_____

(3) 漢字で書きましょう。

⑤「ちょくせつ」　→　_____

⑥「つれていく」　→　_____

(4) 「気をつかわない」ときはいつですか。

a. お客さんがたくさん自分の家に来るとき。

b. 先輩や会社の上司の家に行くとき。

c. 休みの日に一人でドライブに出かけるとき。

d. 好きな人と初めて食事をするとき。　　　⑦（　　　　　）

(5) 「結果」を考えて書きましょう。

⑧発表はとても緊張しましたが、道子さんが「がんばって」と言ってくれたおかげで、_____　。

(6) 上手にお礼を言いましょう。

⑨昨日、友達の岡田さんが、おいしい日本料理の作り方を教えてくれた。それで、今日、家で同じように作ってみたら、上手に作れた。

_____

_____

_____　。

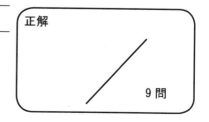

正解

9問

問題 I □の中から言葉を選んで、助詞をつけて___に書きましょう。

ワン： すいませーん。

店員： はい。

ワン： えっと、コーヒー（例）__二つで__ 、(1)_____ アイス。

店員： コーヒーお二つ…アイスですね。

ワン： はい。

店員： お待たせしました。(2)_____ ございます。

ビル： あの、アイスは一つなんですけど…。

店員： あ、大変失礼いたしました。(3)_____ 「コーヒー二つ、アイス」

になっていたものですから。

ワン： ちゃんと一つは (4)_____ 言いましたよ。

店員： ただいまホットコーヒーお持ちいたしますので、お待ちください。

ワン： 早くしてくださいね。

二つ アイス アイスコーヒー 伝票 一つ

問題 II 正しい文になるように、言葉をつなげましょう。

（例）理由 （ 道が分からなかった ） → 結果 （ 遅れました ）

__道が分からなかったものですから、遅れました__ 。

(1) 理由 （ 東京は初めてだ ）

結果 （ どのバスに乗ればいいか分かりません ）

_____ 。

(2) 理由 （ 豆腐が大好きだ ）

結果 （ 全部食べてしまいました ）

_____ 。

(3) 理由 （ そのままでも食べられると聞いた ）

結果 （ 食べてみたけど苦くて食べられませんでした ）

_____

_____ 。

問題 Ⅲ 正しい文になるように、□ の中から後ろの文を選びましょう。

（例）彼はもう駅で待っているから、 __c__ 。

(1) 今日の試合に勝てば優勝ですから、 _____ 。

(2) 私が頼んだのですから、 _____ 。

(3) 学校の勉強は嫌ですが、 _____ 。

(4) 私も仕事があるから、一緒に行くわけにはいかないけど、 _____ 。

(5) パソコンの使い方を覚えるのは大変ですが、使わないわけにはいきませんので、 _____ 。

---

a. 持ってきてもらうわけにはいきません。

b. 家で子供に教えてもらっています。

c. **行かないわけにはいきません。**

d. 終わったらすぐ向かうから。

e. しないわけにはいきません。

f. 絶対負けるわけにはいきません。

問題 IV 言葉を並べ替えて正しい文を作りましょう。

(例) 最中に／入っている／どうしよう／地震が／お風呂に／きたら

    __お風呂に入っている最中に地震がきたらどうしよう__   。

(1) 勉強している／しなさい／お姉ちゃんが／静かに／最中だから、

_____。

(2) 今／少しだけ／最中なので、／いただけますか／待っていて／調べている

_____。

(3) ピアノの／痛く／大事な／おなかが／最中に、／なってきた／発表の

_____。

問題 V 理由を読んで、誘いを受けるか断るか考えて、返事を書きましょう。

(例) A: お水のおかわりいかがですか。

    B: もう、たくさん飲みましたから、 __いりません__ 。

(1) A: アンケートに答えていただけますか。

    B: 急いでいるので、_____ 。

(2) A: 今晩飲みにいきませんか。

    B: 明日は土曜日で、仕事も休みだから、_____ 。

(3) A: おいしいりんごをいただいたので食べませんか。

    B: いいですね。でも、さっきお昼をたくさん食べたので、_____ 。

問題 VI 漢字はひらがなで、ひらがなは漢字で書きましょう。

(例)「難しい」 → __むずかしい__   「たいへん」 → __大変__

(1)「注文」 → _____   (2)「渇く」 → _____

(3)「個人的」 → _____   (4)「おきる」 → _____

(5)「ひつよう」 → _____   (6)「納得」 → _____

(7)「へんしん」 → _____   (8)「招待状」 → _____

(1) 正しいほうを選びましょう。

①日本語の勉強は難しいですが、（　やめる　／　やめない　）わけにはい
きません。

②会議の最中でしたが、とても大事な電話だったので、（　でる　／　でな
い　）わけにはいきませんでした。

(2) 何と読みますか。ひらがなで書きましょう。

③「囲む」　→　_____

④「裁判」　→　_____

(3) 漢字で書きましょう。

⑤「けっせきする」　　→　_____

⑥「かんせいする」　　→　_____

(4)「言い訳」はどちらですか。

a. 約束の日までに仕事が終わらなかったので、「いろいろ忙しくて、具合も悪
かったものですから仕事が進みませんでした」と言いました。

b. 約束の日までに仕事が終わらなかったので、「仕事が終わらなくて本当に申
し訳ありませんでした」と言いました。

⑦（　　　　　）

(5) ていねいに断りましょう。

⑧今、この携帯電話を二つ買っていただくと、二つ目は無料なんですがどう
ですか。

_____。

正解

／

8問

問題 Ⅰ □の中から言葉を選んで、助詞をつけて＿＿に書きましょう。

　ドイツは、クラシック（例）__音楽の__ (1)＿＿＿＿＿＿　たくさん生まれた
ことや、おいしいワインや (2)＿＿＿＿＿＿　有名な国です。

　ドイツの気候は日本に似て、(3)＿＿＿＿＿＿　はっきりしていますが、日本に
比べて乾燥していて、(4)＿＿＿＿＿＿　ありません。冬は気温がとても低くなっ
て、雪が積もるところもあります。

　ドイツの面積は、日本より小さいですが、湖や海もあれば、高い山もたくさん
あります。それに、長い川がたくさん流れていて自然がとてもきれいです。そし
て、この美しい自然と、その中に建てられた中世のお城を巡るツアーが大人気です。
料金は一人 80 〜 100 ユーロです。

　さらに、ドイツは交通も、鉄道、タクシー、バス、地下鉄 (5)＿＿＿＿＿＿　あっ
てとても便利なので、みなさんぜひ (6)＿＿＿＿＿＿　来てください。

| 音楽 | など | 作曲家 | 遊び | ビール | 梅雨 | 四季 |

問題 Ⅱ 正しい文になるように、言葉をつなげましょう。

（例）ドイツは日本に比べて　　　　　　・

(1) 男性は女性に比べて　　　　　　　・

(2) 日本は他のアジアの国に比べて　　・

(3) 夏は春に比べて　　　　　　　　　・

(4) 風の強い日は、弱い日に比べて　　・

(5) 東京タワーはエッフェル塔に比べて・

(6) 私の部屋は友達の部屋に比べて　　・

・a. 高さが高いです。

・b. 海の波が高いです。

・c. 家賃が高いです。

・d. 物価が高いです。

・e. 力が強いです。

・f. 乾燥しています。

・g. 気温が高いです。

問題 Ⅲ 同じ種類(しゅるい)のものを並(なら)べて一つの文にしましょう。

～も…ば／なら、～も…

（例）（ 目 ）が大きい・（ 鼻(はな) ）が小さい・（ 口 ）が大きい

　　彼女(かのじょ)は、目も大きければ口も大きいですが、鼻(はな)は小さいです 　　　　　　　　　。

(1)（ 性格(せいかく) ）は大事だ・（ 経済力(けいざいりょく) ）は大事ではない・（ 顔 ）は大事だ

　　恋人(こいびと)を選(えら)ぶときは、　　　　　　　　　　　　　　　　　　　　　。

(2)（ ブラジル人 ）がいる・（ イギリス人 ）がいない・（ 中国人(ちゅうごく) ）がいる

　　私のクラスには、　　　　　　　　　　　　　　　　　　　　　　　　　　　　。

(3)（ 試験 ）が簡単(かんたん)だ・（ 場所(ばしょ) ）が遠い・（ 入学金 ）が安い

　　この大学は、　　　　　　　　　　　　　　　　　　　　　　　　　　　　　。

(4)（ 女優(じょゆう) ）が上手(うま)い・（ 話 ）がつまらない・（ 景色(けしき) ）が美しい

　　この映画は、　　　　　　　　　　　　　　　　　　　　　　　　　　　　　。

(5)（ 仕事 ）にきびしい・（ 友達(ともだち) ）にやさしい・（ 家族 ）にやさしい

　　私の夫は、　　　　　　　　　　　　　　　　　　　　　　　　　　　　　　。

第5課

問題 Ⅳ 言葉を並(なら)べ替(か)えて正しい文を作りましょう。

（例）日本に／寒いです／比べて／フランスは

　　フランスは日本に比べて寒いです 　　　　　　　　　。

(1) 事故が／去年に／今年は、／比べて／バイクの／少ないです

　　　　　　　　　　　　　　　　　　　　　　　　　　　　　　　　　。

(2) 春に／人が／比べて／たくさん／ここは、／来ます／ほうが／夏の

　　　　　　　　　　　　　　　　　　　　　　　　　　　　　　　　　。

(3) 多いです／日本では、／比べて／の／使う人／電車を／ほうが／バスに

　　　　　　　　　　　　　　　　　　　　　　　　　　　　　　　　　。

(4) やすい／私の兄は、／言います／比べて／飲み／ビールに／と／ワインは

　　　　　　　　　　　　　　　　　　　　　　　　　　　　　　　　　。

問題 V 正しい会話になるように（　）の中の言葉を選びましょう。

A: 石井さんの生まれたところは（例）（　どこですか　／　⟨どこなの⟩　）。

B:（1）（　横浜　／　札幌　）です。

A:（1）かあ。帰るときは飛行機だね。

B: はい。そうなんです。だから、夏休みやお正月は、飛行機の中も混めば、チケットも（2）（　高くなる　／　安くなる　）ので大変です。

A: 言葉も少し違うよね。

B: はい。（3）（　言語　／　方言　）がたくさんあります。大学に入ったときは、周りの人に言葉が通じないこともありました。

A: ははは。同じ（4）（　国内　／　海外　）なのにね。

B: ええ。

A: 大学生活はどう？

B: とても楽しいです。横浜は札幌（5）（　に比べて　／　のほうが　）暖かいのでうれしいです。でも家賃は札幌に比べて高いですね…。

A: そうだね。住みやすいから、ひょっとしたら東京よりも高いんじゃないかな。

問題 VI 漢字はひらがなで、ひらがなは漢字で書きましょう。

（例）「難しい」　→　**むずかしい**　　　「たいへん」　→　**大変**

(1)「さんかしゃ」　→　＿＿＿＿＿　　(2)「きぎょう」　→　＿＿＿＿＿

(3)「湖」　　　　→　＿＿＿＿＿　　(4)「神社」　　　→　＿＿＿＿＿

(5)「輸入」　　　→　＿＿＿＿＿　　(6)「通貨」　　　→　＿＿＿＿＿

(7)「かもく」　　→　＿＿＿＿＿　　(8)「基本情報」　→　＿＿＿＿＿

月　　日　名前 _____

(1)「自炊する」の意味を簡単に説明しましょう。

① _____ 。

(2) 何と読みますか。ひらがなで書きましょう。

②「地理」　→ _____

③「交差点」　→ _____

(3) 漢字で書きましょう。

④「ひかくする」　→ _____

⑤「まがる」　　　→ _____

(4) 質問にていねいに答えましょう。

「あなたの携帯と中村さんのとどっちが便利？」（　あなたの　＜　中村さんの　）

⑥ _____ 。

(5)「　」の中の文と同じ意味の文はどちらですか。

「この車は、今まで乗っていたものに比べて、運転しやすいので良かったです。」

　a. 今乗っている車より、前の車のほうが運転しにくい。

　b. 今乗っている車のほうが、前の車より運転しにくい。　　⑦ （　　　　　）

(6) 言葉を並べ替えて正しい文を作りましょう。

⑧ アパートの／あれば／引っ越した／近くには、／新しく／コンビニも
／うれしいです／あるので、／銀行も

_____

_____ 。

正解

／

8問

第5課

25

問題 Ⅰ　□の中から言葉を選んで、助詞をつけて＿＿に書きましょう。

突然、「ドーン」という音がして、家がゆれ始めました。

（例）＿＿地震が＿＿　起きたとき、ちょうど、晩ご飯を作っていたので、ガスを使っていました。私は最初の（1）＿＿＿＿＿＿　転んでしまったので、何もできませんでした。

10秒くらいで最初の「ゆれ」は終わりました。部屋を（2）＿＿＿＿＿＿　、まんがやらＣＤやらが棚から落ちていて、テーブルの上にあった、（3）＿＿＿＿＿＿お茶が全部こぼれていました。それをふいているとき、ガスを使っていたことを思い出しました。火は消えていましたが、あわててガスの（4）＿＿＿＿＿＿　閉めて、窓を開けました。本当に（5）＿＿＿＿＿＿　ならなくてよかったです。

その後、テレビの横の棚から落ちたまんがを、しまい終わらないうちに、またゆれ始めました。「余震」です。（6）＿＿＿＿＿＿　右手でテレビを押さえて、左手で棚を押さえて、「ゆれ」が（7）＿＿＿＿＿＿　待ちました。そして、すぐにテレビをつけました。

地震	ゆれ	見る	飲みかけ
元栓	火事	今度	終わるの

問題 Ⅱ　□の中から言葉を選んで書きましょう。

（例）先月、韓国に旅行に行ったんですが、どこに行っても　＿＿日本人＿＿　だらけでびっくりしました。

（1）学校にいるうちに雨がやむと、学生はいつも忘れていくので、ここは　＿＿＿＿＿　だらけになりますよ。

(2) 家の中で犬を飼っているので、この季節は部屋が _____ だらけになります。

(3) うちの子供はいつも外で遊んでいて、服はすぐに _____ だらけになってしまいます。

日本人　血　本　毛　傘　泥　犬

問題 Ⅲ ____に言葉を書きましょう。

(例) 机の上に、 **読みかけの** 本が置いてあります。

(1) 彼の部屋には、 _____ 手紙がおいてありました。

(2) これはもう _____ ラジオなので、はっきり音が聞こえません。

(3) 好きな人に「好き」と _____ かけましたが、恥ずかしくなってやめました。

(4) 間に合うかもしれないと思って _____ かけたが、やっぱりやめた。

(5) 昨日の夜は疲れていて早い時間に _____ かけましたが、友達からのメールで起きて、それから遅くまで眠れませんでした。

問題 Ⅳ □の中から言葉を選んで書きましょう。

(例) 「ガシャーン」という大きな **音** がしました。

(1) このあめはレモンの _____ がしてすっぱいです。

(2) この服はタバコの _____ がするから、すぐ洗濯してください。

(3) 動物を飼ってはいけないアパートなのに、上の階から、犬の鳴き _____ がしました。

音　味　声　におい

問題 V　正しい使い方をしている文はどちらですか。

(例) 「それから」

　(a.) あの店は食べ物や服を売っています。それから雑誌もあります。

　b. 最後にテストをします。それから今日は終わりです。

(1) 「それに」

　a. この大学の日本語の試験はとても難しいので、それにたくさん勉強しなければなりません。

　b. 今日は掃除をして洗濯をして、それに銀行にも行かなければならないので、遊べません。

(2) 「…やら…やら」

　a. 今日は鈴木さんやら松井さんやら、いろんな人から電話がかかってきた。

　b. いろんな人から電話がかかってきて、昨日やら今日やらとても忙しい。

問題 VI　「います」と「あります」のどちらが続きますか。

(例) 玄関のドアが開いて　__います__　。

(1) 帰ったら、部屋がきれいに片付けて　_____　。

(2) あなたの座る場所は取って　_____　から、早く来てくださいね。

(3) 昨日の夜地震がありました。朝起きたら、棚が倒れて　_____　。

問題 VII　漢字はひらがなで、ひらがなは漢字で書きましょう。

(例) 「難しい」　→　__むずかしい__　　「たいへん」　→　__大変__

(1) 「自己採点」　→　_____　　(2) 「速報」　　　→　_____

(3) 「おそろしさ」　→　_____　　(4) 「とじこめる」→　_____

(5) 「とちゅう」　→　_____　　(6) 「果物」　　　→　_____

(7) 「衣替え」　　→　_____　　(8) 「身の回り」　→　_____

月　　日　名前 ＿＿＿＿＿＿＿＿＿＿

(1) 「状況」と意味が似ている言葉はどれですか。

　　　a. 情報　　　b. 思い出　　　c. 完成　　　d. 様子　　　①（　　　　　）

(2) 「落ちつく」の反対の意味の言葉はどれですか。

　　　a. 急ぐ　　b. あわてる　　c. 行動する　　d. 静かにする　　②（　　　　　）

(3) 何と読みますか。ひらがなで書きましょう。

　　　③「津波」　　→　＿＿＿＿＿＿＿＿＿

　　　④「東京湾」　→　＿＿＿＿＿＿＿＿＿

(4) 漢字で書きましょう。

　　　⑤「じょうたい」　　→　＿＿＿＿＿＿＿＿＿

　　　⑥「まちがい」　　　→　＿＿＿＿＿＿＿＿＿

(5) 言葉を並べ替えて正しい文を作りましょう。また、使わない言葉を一つ書きましょう。

　　夫は／まま、／かけた／見はじめました／食べ／夕飯を／かけて／テレビを

　　　⑦ ＿＿＿＿＿＿＿＿＿＿＿＿＿＿＿＿＿＿＿＿＿＿＿＿＿＿＿＿ 。

　　使わない言葉　（　　　　　　　　）

(6) 「だらけ」を使って言い換えましょう。

　　先週キャンプに行った場所は、虫がたくさんいて嫌でした。

　　　⑧＿＿＿＿＿＿＿＿＿＿＿＿＿＿＿＿＿＿＿＿＿＿＿＿＿＿ 。

　　私は雑誌を買っても捨てないので、部屋に雑誌がたまってしまいます。

　　　⑨ ＿＿＿＿＿＿＿＿＿＿＿＿＿＿＿＿＿＿＿＿＿＿＿＿＿＿ 。

(7) だれもいないのに教室の電気がついていました。

　　でも 「だれかがつけた」という気持ちで言い換えましょう。

　　　⑩ ＿＿＿＿＿＿＿＿＿＿＿＿＿＿＿＿＿＿＿＿＿ 。

正解	
/	10問

第6課

29

問題 Ⅰ　□の中から言葉を選んで、助詞をつけて＿＿に書きましょう。

去年、日本で一番売れた本は、（例）＿女性の＿　作家が書いた「働く先生」という本でした。この本は、(1)＿＿＿＿＿＿　100万部を超えたそうです。さらに、今月になってもまだまだ売れているそうです。

書店の店員さんの (2)＿＿＿＿＿＿　よると、この本を買う人は、若い女性だけではないそうです。男性 (3)＿＿＿＿＿＿　、学生にも大変人気があるということです。

また、この夏、日本で一番売れたビールは、(4)＿＿＿＿＿＿　「夏なま」でした。

スーパーの店員さんの話によると、このビールは、(5)＿＿＿＿＿＿　ビールに比べて、とてもやわらかい味なので、男性より女性のほうがたくさん (6)＿＿＿＿＿＿　いうことです。

本も、ビールも、一番売れた理由は、新しい (7)＿＿＿＿＿＿　できたからだったようですね。

女性	サラリーマン	今まで	神戸ビール
話	お客さん	12月	買いにきた

問題 Ⅱ　言葉を並べ替えて正しい文を作りましょう。

（例）鈴木選手が／ニュースに／そうです／よると、／した／けがを

　　＿ニュースによると、鈴木選手がけがをしたそうです＿　。

(1) この専門学校は／よると、／そうです／とても／先生の／話に／いい

　　＿＿＿＿＿＿＿＿＿＿＿＿＿＿＿＿＿＿＿＿＿＿＿＿＿＿　。

(2) 家の／近くで／ニュースに／昨日／事件が／そうです／あった／よると、

　　＿＿＿＿＿＿＿＿＿＿＿＿＿＿＿＿＿＿＿＿＿＿＿＿＿＿　。

(3) 私は／よれば、／元気だった／小さい頃から／母親の話に／そうです

_____。

(4) 天気予報に／雨／らしいね／ずっと／よれば、／今週は

_____。

(5) よると、／いるんだって／マレーシアに／聞いた話に／小野さんから／今／中田さんは

_____

_____。

問題 Ⅲ　文を読んで、情報の元と情報を書きましょう。

(例) 店員の話によると、この本は学生にとても人気があるということです。

情報の元　（　**店員**　）

情報　（　**この本は学生にとても人気がある**　）

(1) 天気予報によれば、台風が近づいているということです。

情報の元　（　　　　　　　）

情報　（　　　　　　　　　　　　　　　　　　）

(2) リーさんから聞いたんですが、ワンさんは今日学校を休むということです。

情報の元　（　　　　　　　）

情報　（　　　　　　　　　　　　　　　　　　）

(3) 先生に聞いたら、明日は10時に渋谷駅に来いということです。

情報の元　（　　　　　　　）

情報　（　　　　　　　　　　　　　　　　　　）

(4) 警察によると、その犯人はまだ捕まっていないということだから、近くに住んでいる人は気を付けてください。

情報の元　（　　　　　　　）

情報　（　　　　　　　　　　　　　　　　　　）

(5) 中国から来た学生の話によれば、このアニメは中国でも人気があるという

ことなので、すごいなあと思いました。

情報の元　（　　　　　　　　）

情報　（　　　　　　　　　　　　　　　　　　　　　　　　）

問題 Ⅳ　「直接」と「簡単」と、二つの伝え方を書きましょう。

（例）ワンさんの話　→　「明日は学校は休みだよ。」

　　　直接伝える

　　ワンさんが、明日は学校は休みだよと言いました　　　　。

　　　簡単に伝える

　　明日は学校は休みらしいです　　　　　　　　　　。

（問）先生からもらったメール　→　「来月からクラスの人数が増えます。」

　　　直接伝える

　　_____　。

　　　簡単に伝える

　　_____　。

問題 Ⅴ　漢字はひらがなで、ひらがなは漢字で書きましょう。

（例）「難しい」　→　__むずかしい__　　　「たいへん」　→　__大変__

(1)「しじょう」　→　_____　　(2)「かくだい」　→　_____

(3)「うりきれ」　→　_____　　(4)「関係者」　→　_____

(5)「そふ」　→　_____　　(6)「遠慮する」　→　_____

(7)「詳しい」　→　_____　　(8)「飼育係」　→　_____

(1) どちらの文を使って伝えたほうがいいですか。

　　①昨日、ワンさんから直接「明日学校を休みます」と聞きました。

　　　a. 先生、ワンさんは今日学校を休むらしいです。

　　　b. 先生、ワンさんは今日学校を休むそうです。　　　　（　　　　　）

　　②昨日、リーさんが国へ帰るということをワンさんに聞きました。

　　　a. 道子さん、リーさんは国へ帰るらしいです。

　　　b. 道子さん、リーさんは国へ帰るそうです。　　　　　（　　　　　）

(2) 何と読みますか。ひらがなで書きましょう。

　　③「賞」　　→ _____

　　④「体験」　→ _____

(3) 漢字で書きましょう。

　　⑤「さっか」　→ _____

　　⑥「すう」　　→ _____

(4) 言葉を並べ替えて正しい文を作りましょう。また、使わない言葉を一つ書きましょう。

　　旅行に／住んでいる兄の／と／今年は／ソウルに／よると、／たくさんの／いうことです／来ている／そうです／日本人が／話に

　　⑦ _____

　　_____ 。

　　使わない言葉　（　　　　　　　　）

(5) 理由と情報をつなげて文を作りましょう。

　　理由（　電車が遅れている　）

　　情報（　10分くらい遅れる　）

　　⑧小野さんは、_____

　　_____ 。

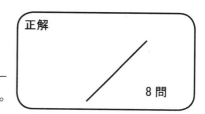

第7課

問題 Ⅰ □の中から言葉を選んで、助詞をつけて＿＿に書きましょう。

質問：「勉強する時間がありません。」 name：エックス

　私は（例）**学校が**　終わってから、アルバイトに行きます。(1)＿＿＿＿＿

＿　6日、夕方6時から10時まで、1日4時間働いています。(2)＿＿＿＿＿＿

店に行くまで1時間半くらいかかることです。昨日は店が忙しくて本当に泣

きたいくらい疲れましたが、日本で進学するためにがんばっています。最近は、

テストがあるたびにあわてて勉強をします。テストの前の日は、(3)＿＿＿＿＿

＿　勉強するので、テストの時間に眠くなってしまいます。(4)＿＿＿＿＿＿

いい勉強方法があったら、教えてください。

学校	一週間	何	寝ない	大変なの

問題 Ⅱ 文をつなげましょう。

（例）疲れた　→　程度（　泣きたい　）

　泣きたいくらい疲れました　　　　　　　。

(1) 背の高さ　→　程度（　私と同じ　）

　＿＿＿＿＿＿＿＿＿＿＿＿＿＿＿＿＿＿＿＿。

(2) 好きだ　→　程度（　胸が苦しくなる　）

　＿＿＿＿＿＿＿＿＿＿＿＿＿＿＿＿＿＿＿＿。

(3) 感動した　→　程度（　涙が出る　）

　＿＿＿＿＿＿＿＿＿＿＿＿＿＿＿＿＿＿＿＿。

(4) 歯をみがかなくてもいい　→　程度（　血が出る　）

　＿＿＿＿＿＿＿＿＿＿＿＿＿＿＿＿＿＿＿＿。

(5) お酒を飲んでしまった　→　程度（　歩けなくなる　）

　＿＿＿＿＿＿＿＿＿＿＿＿＿＿＿＿＿＿＿＿。

　正しいほうを選びましょう。

（例）私は休み（　たびに　／　のたびに　）、ドライブします。

(1) 食事をする（　たびに　／　のたびに　）、歯をみがきます。

(2) あの2人は会う（　たびに　／　のたびに　）、いつもけんかをします。

(3) 彼は友達の結婚式（　たびに　／　のたびに　）、歌を歌います。

(4) 私は海外へ行く（　たびに　／　のたびに　）、Tシャツを買ってきます。

(5) 私の父は正月になる（　たびに　／　のたびに　）、必ず同じ話をします。

(6) 彼女は私の誕生日（　たびに　／　のたびに　）、本をプレゼントしてくれ
ます。

問題 Ⅳ　言葉を並べ替えて正しい文を作りましょう。また、使わない言葉
を一つ書きましょう。

（例）自分の／彼は／ほしい／ほし／車を／がっています

　　彼は自分の車をほしがっています　　　　　　。

　使わない言葉（　ほしい　）

(1) 悲しい／するな／悲し／がるような／親が／ことは

　　_____。

　使わない言葉（　　　　　）

(2) がっています／中田さんが／いやで／たばこを／吸うのを／いや／中村さんは

　　_____。

　使わない言葉（　　　　　）

(3) アイドルに／今は／働いています／小さいころ、／病院で／娘は
／なりたい／がっていましたが、／なりた／看護士になって

　　_____

　　_____。

　使わない言葉（　　　　　）

☐の中から文を選んで誘いましょう。

(例) もう遅いです。　→　（ **帰りませんか** ）。

(1) 駅前に新しいお店ができました。　　　→　（　　　　　　　　　　　　）。

(2) 近くに喫茶店があります。　　　　　　→　（　　　　　　　　　　　　）。

(3) おいしそうなおだんごが売っています。　→　（　　　　　　　　　　　　）。

(4) 観覧車があります。　　　　　　　　　→　（　　　　　　　　　　　　）。

(5) 冬休みの旅行の計画を立てました。　　→　（　　　　　　　　　　　　）。

(6) 新しい映画が始まります。　　　　　　→　（　　　　　　　　　　　　）。

帰りませんか　　一つ食べてみる　　お茶でも飲まない

一緒に行かない　　絶対見に行きましょう

ちょっと入ってみませんか　　次はあれに乗ろうよ

問題 Ⅵ　漢字はひらがなで、ひらがなは漢字で書きましょう。

(例)「難しい」 → <u>**むずかしい**</u>　　「たいへん」 → <u>**大変**</u>

(1)「なやみ」　　→ ＿＿＿＿＿＿　　(2)「ほうほう」 → ＿＿＿＿＿＿

(3)「以前」　　　→ ＿＿＿＿＿＿　　(4)「ためす」 → ＿＿＿＿＿＿

(5)「汚れ」　　　→ ＿＿＿＿＿＿　　(6)「洗剤」 → ＿＿＿＿＿＿

(7)「日程」　　　→ ＿＿＿＿＿＿　　(8)「勧める」 → ＿＿＿＿＿＿

(9)「りょうしん」 → ＿＿＿＿＿＿　　(10)「驚く」 → ＿＿＿＿＿＿

(1) ていねいに誘（さそ）いましょう。

「来月、道子（みちこ）さんの誕生（たんじょう）パーティーがあります。」

　　①　_____　。

(2) 何と読みますか。ひらがなで書きましょう。

　　②「税込み」　→　_____

　　③「記念」　　→　_____

(3) 漢字で書きましょう。

　　④「あせ」　　→　_____

　　⑤「むすこ」　→　_____

(4) 言葉を並（なら）べ替（か）えて正しい文を作りましょう。また、使わない言葉を一つ書きましょう。

　　⑥　辛いです／火が／くらいの／出る（から）／辛さです／口から（から）

　　　_____　。

　　使わない言葉　（　　　　　　　　）

　　⑦　ビルが／今朝の／ゆれでした／ゆれました／倒れるほどの／地震（じしん）は

　　　_____　。

　　使わない言葉　（　　　　　　　　）

(5) （　　　）に言葉を入れて、言い換（か）えましょう。

　　彼（かれ）は昔（むかし）から注射（ちゅうしゃ）が嫌（きら）いで、病院や学校で注射を打つたびに「いやだいやだ」と泣（な）くほど怖（こわ）がっていました。

　　　↓

　　⑧　彼（かれ）は昔（むかし）から注射（ちゅうしゃ）が嫌（きら）いで、病院や学校で注射を打つときは（　　　　　　　）、「いやだいやだ」と泣（な）くほど、注射（ちゅうしゃ）を（　　　　　　　）と思っていました。

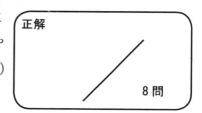

正解

8問

問題 I ☐の中から言葉を選んで、助詞をつけて＿＿に書きましょう。

今、(例) **日本で** は店でお酒を飲むとき、みんな「とりあえずビール」と言って、まずビールを注文します。(1)＿＿＿＿＿＿＿＿ ビールを飲む理由は、日本酒よりアルコールが少なくて、(2)＿＿＿＿＿＿＿＿ 安いので、たくさん飲めるからだと思います。

(3)＿＿＿＿＿＿＿＿ いうと、(4)＿＿＿＿＿＿＿＿ はじめ、ヨーロッパが有名ですが、世界で一番ビールを造っている国は (5)＿＿＿＿＿＿＿＿ そうです。中国でビールが造られたのは1900年頃からです。最初に(6)＿＿＿＿＿＿＿＿ ビール工場ができて、そこから広がりました。

最近では、中国をはじめ、(7)＿＿＿＿＿＿＿＿ ブラジルなど、いろいろな国がビールを造るようになりました。そして、日本にいても、いろいろな国のビールが飲めるようになりました。(8)＿＿＿＿＿＿＿＿ 、「めずらしいもの」が好きな日本人が、日本酒よりビールをたくさん飲む理由の一つだと思います。

日本	チンタオ	これ	ビール	中国
ドイツ	日本人	ロシア	値段	

問題 II 言葉を並べ替えて正しい文を作りましょう。また、使わない言葉を一つ書きましょう。

(例) アジアを／日本酒は／はじめて、／世界中で／はじめ、／有名です

　　日本酒はアジアをはじめ、世界中で有名です　　　　。

　使わない言葉 （ はじめて、 ）

(1) アメリカと／アメリカを／食べ物を／はじめ、／世界中から
　　／輸入しています／日本は

＿＿＿＿＿＿＿＿＿＿＿＿＿＿＿＿＿＿＿＿＿＿＿＿＿＿＿ 。

使わない言葉　（　　　　　）

(2) この本は／言葉／に訳されています／はじめ、／英語を／いろんな国の
　　／外国語

_____。

使わない言葉　（　　　　　）

(3) 動物が／この動物園では、／はじめて、／たくさん飼われています
　　／はじめとして、／人気が高い／パンダを

_____

_____。

使わない言葉　（　　　　　）

問題 Ⅲ　正しいほうを選びましょう。

（例）

A： 山田さんはいますか。

B： （ 山田というと　　／　　いるというと、 ）学生ですか、先生ですか。

A： 山田先生のほうです。

（問）

A： かばんの中にはいつも何が入っているの？

B： えーっと…、手帳と、めがねと、部屋のかぎと、財布と…、あと携帯。

A： ないと困るものばかりだね。

B： うん。特に携帯だね。僕はよく電話がかかってくるから。

A： そう。(1) （　ないと困るものといえば、　／　携帯といえば、 ）小山さん、
　　また新しいのを買ったんだって。

B： え、本当！　番号も新しくなった？

A： ううん、番号はそのままだって。

B： (2) （　番号はそのままというと、　／　番号も新しくなったというと ）会社

は変えなかったのかな。

A：いや、会社は変えたけど、番号は変えなかったと言っていたよ。

問題 Ⅳ 話題を選んで会話を進めましょう。

(例) スキーに行こうと思っているんですが、どこかいいスキー場を知っていますか。　→　（ **新潟国際スキー場がいい** ）

　スキーに行くのなら、新潟国際スキー場がいいですよ　　　　　。

(1) フランス語を勉強したいんですが、どこかいいところを知っていますか。

　→　（ FOVA がいい ）

　_____。

(2) 結婚式を挙げたいんですが、どこかいいところを知っていますか。

　→　（ 岡田屋のサービスセンターに行くといい ）

　_____。

(3) 今商店街にいるんですが、あとどのくらいでワンさんの家に着きますか。

　→　（ あと 2, 3 分で着く ）

　_____。

問題 Ⅴ 漢字はひらがなで、ひらがなは漢字で書きましょう。

(例)「難しい」 → **むずかしい** 　　「たいへん」 → **大変**

(1)「造る」 → _____ 　(2)「やくだつ」 → _____

(3)「大統領」 → _____ 　(4)「酸素」 → _____

(5)「ふくむ」 → _____ 　(6)「じんぶつ」 → _____

(7)「くやくしょ」 → _____ 　(8)「身近な」 → _____

(1)「物価(ぶっか)」という言葉を簡単(かんたん)に説明しましょう。

　　① ＿＿＿＿＿＿＿＿＿＿＿＿＿＿＿＿＿＿＿＿＿＿＿＿ 。

(2) 何と読みますか。ひらがなで書きましょう。

　　②「世界的」　→ ＿＿＿＿＿＿＿＿＿

　　③「訳す」　　→ ＿＿＿＿＿＿＿＿＿

(3) 漢字で書きましょう。

　　④「せんでん」　→ ＿＿＿＿＿＿＿＿＿

　　⑤「わかもの」　→ ＿＿＿＿＿＿＿＿＿

(4) 言葉を並(なら)べ替(か)えて正しい文を作りましょう。

　　⑥　ヨーロッパが／というと／南米も(なんべい)／はじめ、／有名ですが、／フランスを／

　　チリを／はじめ、／有名です／ワイン

　　＿＿＿＿＿＿＿＿＿＿＿＿＿＿＿＿＿＿＿＿＿＿＿＿＿＿＿＿

　　＿＿＿＿＿＿＿＿＿＿＿＿＿＿＿＿＿＿＿＿＿＿＿＿＿＿ 。

(5) 中村(なかむら)さんと中田(なかた)さんは、どちらが自然(しぜん)に会話を進(すす)めていますか。

小野(おの)：昨日(きのう)図書館で長谷川(はせがわ)さんに会いました。
中村(なかむら)：そうですか。長谷川(はせがわ)さんといえば、最近一生懸命(さいきんいっしょうけんめい)勉強していますね。
小野(おの)：ええ、テストが近いと言っていました。

小野(おの)：昨日(きのう)図書館で長谷川(はせがわ)さんに会いました。
中田(なかた)：そうですか。図書館というと、最近一生懸命(さいきんいっしょうけんめい)勉強していますね。
小野(おの)：ええ、長谷川(はせがわ)さんはテストが近いと言って

　　いました。

　　　　　　　⑦（　　　　　　　　　）

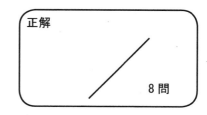

正解

8問

問題 Ⅰ □の中から言葉を選んで、助詞をつけて___に書きましょう。

私はよく男っぽい（例）**性格だ** と言われます。男性の友達も多いです。声が大きいうえに、よく笑うので、(1)_____ 言われることもありますが、自分ではそれは元気があって (2)_____ と思っています。家族がみんな明るいので、私も (3)_____ こうなりました。また、私は長女で、幼いときから二人の弟たちの面倒をみてきたため、(4)_____ 対しても (5)_____ 焼いてしまうことがあります。

(6)_____ 仕事は、声が大きくて話すことが大好きな私のためにあるような仕事だと思って、サービス業の中でも一番興味を持っていました。絶対に自分に向いていると、(7)_____ 持ってがんばっていきたいと思います。

性格	世話	自信	うるさい
いいこと	友達	販売	自然

問題 Ⅱ 言葉を換えて同じ意味の文にしましょう。

(例)（ すぐ怒る ）

あの先生は ___**怒りっぽく**___ て 嫌いです。

(1)（ よく忘れる ）

私は _____ ので、自分でもいやになります。

(2)（ 女性のようだ ）

彼は _____ 話し方をします。

(3)（ 子供のようだ ）

彼はわがままで _____ 性格だ。

問題 III 正しい使い方をしているものには○、正しくないものには×を書きましょう。

（例）この辞書は＿軽い＿うえに＿使いやすい＿です。　　　　　　　　（ ○ ）

（1）このパソコンは＿安い＿うえに＿古い＿です。　　　　　　　　　（　　）

（2）学校が終わってから、＿図書館で勉強した＿うえに＿家に帰ってからも勉強する＿んですか。　　　　　　　　　　　　　　　　　　　　　　　　（　　）

（3）日本語学校で＿日本語を勉強した＿うえに＿帰国します＿。　　（　　）

（4）＿お米が嫌いな＿うえに＿ご飯も食べない＿んですか！　毎日何を食べているんですか。　　　　　　　　　　　　　　　　　　　　　　　　　　　（　　）

問題 IV ☐の中から言葉を選びましょう。

（例）自分の名前を、＿c＿。

（1）A：家族と離れて一人暮らしですか、さみしくなりますね。

　　B：＿＿＿＿＿。家にいるときは、親がうるさかったですから。

（2）A：あれ、この番号だれだろう…。中田さん電話した？

　　B：はははは、＿＿＿＿＿。

（3）A：今井さんもみんなと一緒に旅行に行ったの？

　　B：ううん、＿＿＿＿＿仕事だったんだから。

a. するわけないでしょう	b. 行けるわけないよ
c. 間違えるわけがありません	d. さみしいわけがありません

問題 V 言葉を並べ替えて正しい文を作りましょう。

（例）この家は／広くて／ようです／お城の／庭が

　＿この家は庭が広くてお城のようです＿。

（1）です／肌は／ように／彼女の／雪の／白い

　＿＿＿＿＿＿＿＿＿＿＿＿＿＿＿＿＿＿＿＿＿＿＿＿＿＿＿。

(2) ようです／上手くて、／歌が／プロの歌手の／パクさんは

_____。

(3) 見えます／車が／見ると、／東京タワーの上から／ありの／ように

_____。

問題 Ⅵ 人や物の様子を 表 しているのはどちらですか。

(例) ボタンが（ 取れ ／ 取れた ） そうです。

(1) あの人は、見た感じ、とても（ 元気 ／ 元気だ ） そうですね。

(2) もしもし、中村ですけど、もうすぐ駅に（ 着く ／ 着き ） そうです。

(3) 受験のときは、周りの人がみんな頭が（ よさ ／ いい ） そうに見えます。

(4) どうしたんですか、そんな（ うれしい ／ うれし ） そうな顔をして。

(5) この人が彼女？（ 優し ／ 優しい ） そうな人だね。

問題 Ⅶ 漢字はひらがなで、ひらがなは漢字で書きましょう。

(例)「難しい」 → __むずかしい__　　「たいへん」 → __大変__

(1)「描写」　　　 → _____　(2)「きぼう」　　 → _____

(3)「年齢」　　　 → _____　(4)「通勤時間」 → _____

(5)「出身地」　　 → _____　(6)「ちゃいろ」 → _____

(7)「せいねんがっぴ」 → _____

(8)「優柔不断」　　　 → _____

月　　日　名前 _____

(1)「自分に<u>向いている</u>」と同じ意味の言葉を選びましょう。

　　a. 焼いている　　　　b. 進んでいる　　　　c. 合っている　　　　d. している

　　　　　　　　　　　　　　　　　　　　　　　　　①（　　　　　　　　）

(2) 何と読みますか。ひらがなで書きましょう。

　　②「自己PR」　→ _____

　　③「職歴」　　→ _____

(3) 漢字で書きましょう。

　　④「のうりょく」　→ _____

　　⑤「ちじん」　　　→ _____

(4) 言葉を並べ替えて様子を表す文を作りましょう。また、使わない言葉を一つ書きましょう。

　　⑥　寝る／静かに／寝／してください／赤ちゃんが／そう／もうすぐ／だから、

　　_____ 。

　　使わない言葉（　　　　　　　　　）

(5)（　）に入る文を選びましょう。

　　A: 昨日、原宿の駅前で木村さんが女性と一緒に歩いているのを見たよ。

　　B: ええ！　そんなわけないよ。だって木村さん、昨日は　⑦（　　　　　　　　）

　　　　うえに、夜は僕と一緒にスポーツジムにいたんだから。

　　A: そうか。じゃあ違う人だったのかなあ。

　　a. 恋人とデートをしていた

　　b. テストで原宿に行っていた

　　c. 用があって学校を休んだ

　　d. 朝からずっとアルバイトだった

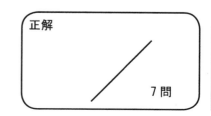

正解　　／　　7問

問題 I ☐の中から言葉を選んで、助詞をつけて＿＿に書きましょう。

池袋駅前ＡＢＣビル 5F （例）**イベントホールに**　おいて、(1)＿＿＿＿＿＿

住んでいる (2)＿＿＿＿＿＿　方のための (3)＿＿＿＿＿＿ 行います。たく

さんの企業が来て、いろいろな話をしてくださいます。当日は、(4)＿＿＿＿＿＿

＿ 日本の企業で働いている外国の方にお話をしていただくことになっていま

す。そして皆様からいろいろな質問をしていただく時間も設ける予定ですので、

ぜひ参加してください。

参加費用：¥2,000 （テキスト代込み）　定員：　500人

応募方法：9月6日までに (5)＿＿＿＿＿＿　FAX、またはE‐mailでお申し込

みください。

　FAX、E‐mailには、名前、住所、連絡先を必ず書いてください。

　((6)＿＿＿＿＿＿　なり次第しめ切らせていただきます。)

イベントホール	就職説明会	実際
定員 日本	電話	外国

問題 II ☐の中から言葉を選んで、形を変えて「ということになっています」
の文を作りましょう。

(例) 明日は全員ここに　**集まることになっています**　。

(1) 受験票は、明日 ＿＿＿＿＿＿＿＿＿＿＿＿＿＿＿＿ 。

(2) 来週の木曜日に、＿＿＿＿＿＿＿＿＿＿＿＿＿＿＿＿ から、準備します。

(3) 田中さんは ＿＿＿＿＿＿＿＿＿＿＿＿＿＿＿ 、待たなくても大丈夫です。

(4) 朝食は ＿＿＿＿＿＿＿＿＿＿＿＿＿＿ 遅れないようにしてください。

(5) ここではたばこを ＿＿＿＿＿＿＿＿＿＿＿＿＿＿ すぐ消してください。

集まります	7時です
欠席です	送られてきます
面接<small>めんせつ</small>に行きます	吸<small>す</small ってはいけません

問題 Ⅲ 正しい形に変えて書きましょう。

(例) 準備<small>じゅんび</small>が（ できる → **でき** ）次第<small>しだい</small>出発しましょう。

(1) テストが（ 終わる → 　　　　　　）次第<small>しだい</small>帰って結構<small>けっこう</small>です。

(2) 駅に（ 着く → 　　　　　　）次第<small>しだい</small>電話してください。迎<small>むか</small>えに行きます。

(3) 田中<small>たなか</small>は今いませんので、（ 帰ってくる → 　　　　　　）次第<small>しだい</small>連絡<small>れんらく</small>させます。

問題 Ⅳ □の中から言葉を選<small>えら</small>びましょう。

(例) Sビルの　__a__　において相談会<small>そうだんかい</small>が行<small>おこな</small>われます。

(1) 　　　　　において、ピアノ演奏会<small>えんそうかい</small>が開催<small>かいさい</small>されます。

(2) 　　　　　において、体育祭<small>たいいくさい</small>の練習<small>れんしゅう</small>を行<small>おこな</small>います。

(3) 　　　　　において、日本代表<small>だいひょう</small>のサッカーの試合<small>しあい</small>が行<small>おこな</small>われます。

(4) 　　　　　において、水泳の世界大会<small>たいかい</small>が開催<small>かいさい</small>されます。

(5) 日本語のテストは　　　　　において、行<small>おこな</small>います。

a. 4階<small>かい</small>　b. B教室　c. コンサートホール
d. 広島国際<small>ひろしまこくさい</small>プール　e. 日本スタジアム　f. グラウンド

問題 Ⅴ お知らせを読んで質問に答えましょう。

「株式会社　宝の山社」では、来年4月に大学を卒業する方を対象にした、就職試験を行います。日程は、11月23日午前9時から13時半までで、会場は「新さいたま市民ホール」1階です。会場には駐車場がありませんので、電車やバスを使って来てください。募集定員は200人で、定員になり次第しめ切らせていただきます。応募方法は、メールで応募してください。

(1) 何がありますか。　　　　　　　　＿＿＿＿＿＿＿＿＿＿＿＿＿＿

(2) どうすればそれが受けられますか。　＿＿＿＿＿＿＿＿＿＿＿＿＿＿

(3) 場所はどこですか。　　　　　　　　＿＿＿＿＿＿＿＿＿＿＿＿＿＿

(4) いつありますか。　　　　　　　　　＿＿＿＿＿＿＿＿＿＿＿＿＿＿

(5) 応募する人はだれですか。　　　　　＿＿＿＿＿＿＿＿＿＿＿＿＿＿

(6) 募集しているのはだれですか。　　　＿＿＿＿＿＿＿＿＿＿＿＿＿＿

問題 Ⅵ 漢字はひらがなで、ひらがなは漢字で書きましょう。

（例）「難しい」　→　__むずかしい__　　「たいへん」　→　__大変__

(1)「資格」　　　→　＿＿＿＿＿＿　(2)「かかり」　　→　＿＿＿＿＿＿

(3)「的確な」　　→　＿＿＿＿＿＿　(4)「ないよう」　→　＿＿＿＿＿＿

(5)「がいしゅつ」→　＿＿＿＿＿＿　(6)「屋外」　　　→　＿＿＿＿＿＿

(7)「といあわせ」→　＿＿＿＿＿＿　(8)「引き落とし」→　＿＿＿＿＿＿

★ チャレンジ ⑪

月　　日　名前 _____

(1)「募集する」の意味を簡単に説明しましょう。

　　① _____ 。

(2) 何と読みますか。ひらがなで書きましょう。

　　②「同級会」　→ _____

　　③「主催」　　→ _____

(3) 漢字で書きましょう。

　　④「ふさんか」　→ _____

　　⑤「にちじ」　　→ _____

(4)「ことになっている」を使って言い換えましょう。

　その日は、用事があって実家に帰る予定ですので、学校には来ません。

　　⑥ _____ 。

(5) 言葉を並べ替えて正しい文を作りましょう。また、使わない言葉を一つ書きましょう。

　新しい／入って／地震に／つきましては、／情報が／入り／お伝えいたします／次第

　　⑦ _____ 。

　使わない言葉（　　　　　　）

(6)「～ことになっている」を正しく使っている文はどちらですか。

　a. 先月、引っ越したことになりましたので、新しい住所を送りました。

　b. 来週の土曜日、家族が遊びに来ることになったから、一緒に出かけることができなくなったよ。

　　⑧（　　　　　）

正解

／

8問

問題 I □の中から言葉を選んで、助詞をつけて___に書きましょう。

私は今、(例) **日本語学校で** 日本語を勉強しています。私は、日本に来て (1)
_____ 韓国人の友達を作って、一緒に住むことにしました。

私が分からない言葉も、(2)_____ 教えてもらえるのでとても分かり
やすいです。学校の先生は (3)_____ 話さないので、よく分かりません。
だから、授業中も、その友達と韓国語で分からないところを話し合いながら勉
強しています。

(4)_____ 一緒に買物に行ったり、カラオケに行って韓国の歌を歌っ
たりしています。最初は少し不安だったけど、友達がいるので、今はとても楽
しいです。(5)_____ 、同じ国の友達をたくさん作ったほうがいいと思
います。

日本語学校	週末	日本語
みなさん	韓国語	すぐ

問題 II 「としては」か「としても」の、どちらかを書きましょう。

(例) 私 __としては__、息子はよくがんばったと思いますが、コーチ

__としては__、あまりほめることができなかったようです。

(1) 個人的な意見 _____ 、あまり似合っているとは思いませんでしたが、

店員 _____ 、とても似合っていると言わなければなりませんでした。

(2) 68 点というのは、テストの成績 _____ 、あまりいい点数ではあり

ませんが、前回が 24 点だった彼 _____ 、とてもいい点数でした。

(3) 彼女は、女性 _____ 美しいし、母親 _____ すばらしいの

で尊敬しています。

問題 Ⅲ □の中から後に続く文を選びましょう。

（例）もし今、車が買えるとしても、　　**d**　　。

（1）好きな人と付き合うことができたとしても、_____ 。

（2）もしこの実験がうまくいったとしても、_____ 。

（3）この大学の試験なら合格できるとしても、_____ 。

（4）もし両親が反対したとしても、_____ 。

---

a. 東京で一人暮らしをしようと決めていたので、来週家を出ます

b. その後どうなるかは分からないので、気をつけてくださいね

c. すぐに別れてしまったら意味がありません

d. ほとんど使わないので意味がありません

e. 必要な書類がそろわなければ、受けることができませんから気をつけて
ください

問題 Ⅳ 正しい文になるように、文を選びましょう。

（例）たとえ私が時間に間に合わなくても、会議を
- ⓐ. 始めていてください。
- b. 始めないでください。

（1）たとえ何があっても、明日の飛行機の時間には
- a. 遅れてもいいです。
- b. 遅れてはいけません。

（2）今日は月曜日でお店はすいていますが、たとえ暇でも、
- a. 何もしなくていいので休んでいてください。
- b. 何もしないでボーっとしていてはいけません。

（3）あなたのしたことは間違っていません。たとえ私が君の立場でも、
- a. 同じことをすると思います。
- b. そんなことはしないと思います。

(4) たとえ日本語が上手に話せるようになっても、日本のルールを知らなければ、

- a. 日本で生活するのは楽しいです。
- b. 日本で生活するのは大変です。

問題 V 動詞を正しい形にして書きましょう。

(例)（　使います　）

バスだと渋滞するかもしれないから、地下鉄を　**使った**　ほうがいいと思います。

(1)（　します　）

たとえ数学が得意だからと言っても、日本語の勉強をしなければ、留学試験でいい点数を取ることは　_____　と思うよ。

(2)（　変えます　）

私の使っている携帯電話の会社は、他の会社より料金が高いので、近いうちに　_____　と思います。

(3)（　話します　）

今、日本語の勉強をしているので、いつか日本人の友達と日本語で　_____　みたいと思っています。

(4)（　行きます　）

大学というのは勉強以外にもたくさんためになる経験ができるので、　_____　ほうがいいと思います。

問題 VI 漢字はひらがなで、ひらがなは漢字で書きましょう。

(例)「難しい」　→　**むずかしい**　　「たいへん」　→　**大変**

(1)「学部」　　　→　_____　　(2)「けってい」　→　_____

(3)「賛成」　　　→　_____　　(4)「やくす」　　→　_____

(5)「研修生」　　→　_____　　(6)「はんにん」　→　_____

(7)「きょうじゅ」→　_____　　(8)「立場」　　　→　_____

★ チャレンジ ⑫

月　　日　名前 _____

(1) ガスコンロを使って料理をしているときに地震（じしん）が起（お）きました。あなたはどうしたらいいと思いますか。

① _____ 。

(2) 何と読みますか。ひらがなで書きましょう。

②「結論」　→　_____

③「体育会」　→　_____

(3) 漢字で書きましょう。

④「しゅじゅつ」　　　→　_____

⑤「(ペットを) かう」　→　_____

(4) 言い換（か）えましょう。

・彼（かれ）は雨が降ったら行かないと言っているが、私は雨が降ってもサッカーを見に行きたい。

⑥私 _____ 、 _____ 雨が _____ サッカーを見に行きたいと _____ 。

(5) 言葉を並（なら）べ替（か）えて正しい文を作りましょう。

無料（むりょう）ですが、／何時間／9800円で／基本料金（きほんりょうきん）が／たとえ／少し高いです／話しても

⑦私の電話料金は、 _____

_____ 。

(6) （　　）に入る言葉はどれですか。

私は留学生としてではなく、研修生⑧（　　　）

日本に来ましたから、まず仕事を覚えたいです。

　　a. でも　　b. として　　c. とする　　d. と

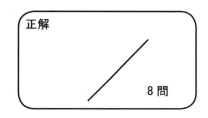

正解

／

8問

53

問題 Ⅰ □の中から言葉を選んで、助詞をつけて___に書きましょう。

4年前、私は（例）**イギリスの**　（1)_____　いう町に留学していました。(2)_____　、新聞記者になりたいと思っていたので、大学で

(3)_____　勉強をして、英語の勉強をするためにイギリスへ行きました。リヴァプールはとてもにぎやかな町でした。しかし、大きな (4)_____

はじめ、たくさん自然があって驚きました。

学校では、いろいろな人と出会いました。ブラジルや韓国の友達もできました。友達とサッカーの試合を見たり、ゴルフをしたりしました。その中で、私にとって (5)_____　出会いは、マイケル先生に会ったことでした。話すことが苦手だった (6)_____　対して、マイケル先生はいつも「話したいという (7)_____　持っていれば大丈夫です。」と励ましてくれました。それから毎日マイケル先生と話をしました。

イギリス	マスコミ	私	気持ち
最高	リヴァプール	森	小さいころ

問題 Ⅱ ___に入る言葉を書きましょう。

（例)　**あなた**　にとって一番いやなことは何ですか。

(1) _____　にとって一番幸せなことは、子供が元気に育っていくことです。

(2) 自分の国と習慣が違うということは、_____ にとって大変なことです。

(3) 観光客がゴミを捨てていくことは、_____ にとって

悲しいことです。

(4) たばこを吸う人は、_____ にとってたばこの煙が

どれほどいやなものなのか分かりません。

問題 Ⅲ　正しいほうを選びましょう。

（例）私は子供 （ ⭕に対して / を対して ） いつも怒ってばかりいます。

(1) 高校生の方 （ に対して / の対して ） アンケートを行っております。

(2) あ、先生ですか。どうもすみません。それは学生（ に対して / を対して ）
　　配っている資料でした。

(3) 私がタクシーで行く （ に対して / のに対して ） 彼はバスで行きました。

(4) 私達のすばらしい出合い （ に対して / のに対して ） 乾杯しましょう。

(5) 私があんなにがんばって勉強して45点しか取れなかった （ に対して /
　　のに対して ） 彼女はあまり勉強しないで70点も取りました。

問題 Ⅳ　正しい文になるように、文を書きましょう。

（例）必要なこと （ これがある ）

　　__これさえあれば__ 、部屋の掃除は全部できます。

(1) 必要なこと （ コーヒーが飲める ）

　　私は、朝は ＿＿＿＿＿＿＿＿＿＿＿＿＿ それだけで十分です。

(2) 必要なこと （ 普通の車の運転免許を持っている ）

　　このトラックは、＿＿＿＿＿＿＿＿＿＿＿ 運転できますよ。

(3) 必要なこと （ 2級に合格している ）

　　日本語能力試験の ＿＿＿＿＿＿＿＿＿＿＿ 、試験は面接だけでいいです。

(4) 必要なこと （ 話すことができる ）

　　日本語を聞いて、＿＿＿＿＿＿＿＿＿＿＿ 、漢字が読めなくても心配いり
　　ません。

(5) 必要なこと （ 7時18分の電車に乗ることができる ）

　　＿＿＿＿＿＿＿＿＿＿＿＿＿ 、時間通りに、乗り継ぎをしないで空港まで行け
　　ますよ。

問題 V　正しい形に変えて書きましょう。

(例) 昨日先生に「遅刻が多い」と怒られたので、明日からは絶対に（　遅刻します　→　**遅刻するまい**　）と決めました。

(1) この前、初めて彼女にうそをついてしまいました。とてもいやな気持ちになったので、もう二度とうそは（　つきます　→　　　　　　　　　）と決めました。

(2) 大事な試合で、簡単なシュートを外してチームが負けてしまいました。だから、たくさん練習して、次は絶対（　外します　→　　　　　　　　）と誓いました。

(3) 電車に乗っていて、立っていたおじいさんに「どうぞ座ってください」と言ったら、とても怖い顔をして「結構です」と言われてしまいました。とても恥ずかしかったので、もう（　言います　→　　　　　　　　　）と思いました。

問題 VI　漢字はひらがなで、ひらがなは漢字で書きましょう。

(例) 「難しい」　→　__むずかしい__　　「たいへん」　→　__大変__

(1) 「たんとう」　→　_____　　(2) 「きょうし」　→　_____

(3) 「他人」　→　_____　　(4) 「しみん」　→　_____

(5) 「重大」　→　_____　　(6) 「故障」　→　_____

(7) 「こし」　→　_____　　(8) 「じゆうか」　→　_____

月　　日　名前　＿＿＿＿＿＿＿＿＿

(1)「亡くなる」と同じ意味の言葉はどれですか。

　　a. 無くなる　　　b. 消える　　　c. 死ぬ　　　d. 悪くなる

　　① (　　　　　　)

(2) 何と読みますか。ひらがなで書きましょう。

　　②「価値」　→　＿＿＿＿＿＿＿

　　③「好み」　→　＿＿＿＿＿＿＿

(3) 漢字で書きましょう。

　　④「ひじょうに」→　＿＿＿＿＿＿＿

　　⑤「じんせい」　→　＿＿＿＿＿＿＿

(4)「〜まい」を正しく使っているのはどの文ですか。

　　a. 二度とあんなことをするはずまいと誓いました。

　　b. 二度とあんなことをするまいと誓いました。

　　c. 二度とあんなことをしたまいと誓いました。

　　d. 二度とあんなことをできまいと誓いました。　　　⑥ (　　　　　　)

(5) 言葉を並べ替えて正しい文を作りましょう。

　　きました／とって、／日本人に／身近な／問題に／環境問題は／なって

　　⑦ ＿＿＿＿＿＿＿＿＿＿＿＿＿＿＿＿＿＿＿＿＿ 。

(6) どの立場を入れるのが一番いいですか。

⑧ (　　　　) 達にとって、日本語は大学に入るためのテストでいい点数を取

　るために勉強するものではなくて、毎日の生活で使うために覚えなければなら

　ないものです。

　　a. 海外から来た就学生

　　b. 海外で日本語を勉強している人

　　c. 海外から来て日本人と結婚した人

　　d. 海外で勉強してから日本に来た人

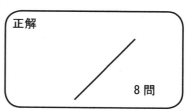

正解

8問

問題 Ⅰ ☐ の中から言葉を選んで、助詞をつけて＿＿に書きましょう。

（例）**お父さんも**　、倒れたおじいさんも本当は今すぐ（1）＿＿＿＿＿＿

帰ってきてほしいと思います。でも、あなたの夢は、家族みんなの（2）＿＿＿

＿＿＿　あります。みんなあなたが日本で一生懸命（3）＿＿＿＿＿＿　知って

います。だから、今は、試験をあきらめて国へ帰るより、おじいさんが元気な

うちに、大学に合格して、（4）＿＿＿＿＿＿　安心させたほうがいいと思います。

そのために、今は国へ（5）＿＿＿＿＿＿　悪く思うことはないですよ。その気

持ちは家族なら（6）＿＿＿＿＿＿　分かってくれます。だから今は、勉強をが

んばるしかないと思います。そして、大学が決まったら、すぐに元気な姿をお

じいさんに見せてあげてください。きっと喜んでくれると思います。

お父さん	夢	絶対	帰れないの
あなた	おじいさん	がんばっていること	

問題 Ⅱ 正しい文になるように、言葉をつなげましょう。

（例）おなかがいっぱいなら、・　　　・こっちが謝ることはない。

（1）忘れたからといって、　　・　　　・急ぐことはないよ。

（2）ちょっと転んだくらいで、・　　　・難しく考えることはないよ。

（3）悪いのはあっちなんだから、・　　　・**無理に食べることはない。**

（4）大丈夫、十分間に合うから、・　　　・取りに帰ることはないよ。

（5）ふざけていたんだから、　・　　　・そんなに泣くことはないでしょう。

（6）これは簡単な問題だから、・　　　・本気で怒ることはないでしょう。

問題 Ⅲ 言葉を並べ替えて正しい文を作りましょう。また、使わない言葉を一つ書きましょう。

（例）今は、／がんばり／しかありません／がんばる／勉強を

　今は、勉強をがんばるしかありません　　　　　　。

　使わない言葉　（　**がんばり**　）

(1) 練習する／しかない／優勝するためには、／と／練習した／思います

　────────────────────────────────。

　使わない言葉　（　　　　　　）

(2) しかない／ようです／病気を／手術を／する／彼女の／治すには、／したい

　────────────────────────────────。

　使わない言葉　（　　　　　　）

(3) 1本しか／しかありませんね／バスは／タクシーで／1時間に／行く

　／行こう／少し高いけど／来ないので、

　────────────────────────────────

　────────────────────────────────。

　使わない言葉　（　　　　　　）

問題 Ⅳ 正しいほうを選びましょう。

（例）のりを使う（　かわりに　／　にかわって　）テープを使ってください。

(1) 日本語学校で日本語をたくさん勉強したので、大学では日本語（　のかわり

　／　かわり　）に中国語を勉強しようと思っています。

(2) ワインは体に良いというから、ビールを飲む（　のかわりに　／　かわりに　）

　少し飲んでみたらどうですか。

(3) 社長が来られないということなので、社長に（　かわって　／　のかわりに　）

　私が説明いたします。

(4) 日本では、1990年頃から、野球（　のかわって　／　にかわって　）サッカー
　　をする子供達が一気に増えました。

問題 Ⅴ　　アドバイスになるように、＿＿に文を作りましょう。

(例) 進学できなくなるので、＿＿**学校は欠席しない**＿＿　ほうがいいですよ。

(1) ずっとパソコンを使っている人は、＿＿＿＿＿＿＿＿＿＿＿　ほうがい
　　いと思います。

(2) いらないと思ったものは、＿＿＿＿＿＿＿＿＿＿＿　ほうがいいですよ。

(3) そんなにどちらを買うか迷っているなら、＿＿＿＿＿＿＿＿＿＿＿
　　いいんじゃない？

(4) 39℃の熱があるなら、＿＿＿＿＿＿＿＿＿＿＿　ほうがいいです。

(5) そんなに彼女のことが気になるなら、＿＿＿＿＿＿＿＿＿＿＿　いいん
　　じゃない？

問題 Ⅵ　　漢字はひらがなで、ひらがなは漢字で書きましょう。

(例)「難しい」　→　＿＿**むずかしい**＿＿　　「たいへん」　→　＿＿**大変**＿＿

(1)「医療」　　　→　＿＿＿＿＿＿　　(2)「すぐれた」　→　＿＿＿＿＿＿

(3)「さらいねん」→　＿＿＿＿＿＿　　(4)「集中」　　　→　＿＿＿＿＿＿

(5)「さがす」　　→　＿＿＿＿＿＿　　(6)「一万円札」　→　＿＿＿＿＿＿

(7)「がいしょく」→　＿＿＿＿＿＿　　(8)「自炊」　　　→　＿＿＿＿＿＿

★ チャレンジ ⑭

月　　日　名前 ＿＿＿＿＿＿＿＿

(1)「苦手」と反対の意味の言葉はどれですか。

　　　a. 下手　　　　b. 大事　　　　c. 重要　　　　d. 得意

　　　① （　　　　　　　）

(2) 何と読みますか。ひらがなで書きましょう。

　　　②「濃い」　　→　＿＿＿＿＿＿＿＿＿

　　　③「急用」　　→　＿＿＿＿＿＿＿＿＿

(3) 漢字で書きましょう。

　　　④「まなぶ」　　→　＿＿＿＿＿＿＿＿

　　　⑤「しゅうごう」　→　＿＿＿＿＿＿＿＿

(4) 次の文の＿＿の言葉が、同じ意味で使われている文を選びましょう。

　　「風邪なら、無理をして学校に来ることはないですよ。」　⑥（　　　　　　　）

　　a. もう全部終わりましたから、することはないですよ。

　　b. 秋の京都に行ったことはないです。

　　c. ちょっと間違えただけで、そんなに笑うことはないでしょう。

　　d. もう二度と、彼がここに来ることはないと思います。

(5) 言葉を並べ替えて正しい文を作りましょう。

　　思うよ／電話や／と／けんかを／メールする／したなら、／話した

　　／ほうがいい／会って／かわりに、

　　⑦ ＿＿＿＿＿＿＿＿＿＿＿＿＿＿＿＿＿＿＿＿＿＿＿＿＿＿＿＿＿＿＿＿

　　＿＿＿＿＿＿＿＿＿＿＿＿＿＿＿＿＿＿＿＿＿＿＿＿＿＿＿＿＿　。

(6) （　　）に入る言葉はどれですか。

　　⑧バスが（　　　　）ので、歩いて行くしかないね。

　　a. 多い　　b. 無い　　c. 遠い　　d. 速い

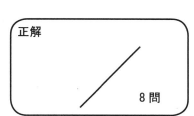

正解

8問

第15課 （練習）

問題 I □の中から言葉を選んで、助詞をつけて＿＿に書きましょう。

昨夜から（例）**今朝に** かけて、九州、四国地方に上陸した台風10号は、今日午後3時現在、中部（1）＿＿＿＿＿＿ 通過中です。夕方から（2）＿＿＿＿

＿＿＿＿ かけて、ゆっくり東に進み、今晩9時ごろから、東京を（3）＿＿＿＿

＿＿ 関東全域に強い雨を降らせるでしょう。1時間の降雨量は（4）＿＿＿＿＿

＿ 30から50ミリ、太平洋側の多いところでは50から80ミリにまでなる（5）

＿＿＿＿＿＿＿ あります。沿岸部では高波になったり、また低地では河川が増水したりするかもしれませんので十分注意してください。

台風10号はこの後、明日の朝には太平洋沖に抜けて行って、（6）＿＿＿＿＿＿

＿ 変わるでしょう。しかし、今後とも（7）＿＿＿＿＿＿ 注意してください。

今朝	東日本	地方	台風情報
中心	夜	おそれ	温帯低気圧

問題 II ＿＿に入る文を書きましょう。

（例） **昨夜から今朝にかけて** 、大雨が降りました。

（1）数年前、＿＿＿＿＿＿＿＿＿＿＿＿ 、大きな地震がありました。

（2）日本の桜は、＿＿＿＿＿＿＿＿＿＿＿＿ 、とてもきれいに咲きます。

（3）このニュース番組は、＿＿＿＿＿＿＿＿＿＿＿＿ 、たくさんの人に見られています。

（4）来週から、＿＿＿＿＿＿＿＿＿＿＿＿ の道路工事が始まります。

問題 Ⅲ　言葉を並べ替えて正しい文を作りましょう。

（例）花火大会は／になる／このまま／続けると、／降り／あります　／おそれが／中止／雨が

　　　このまま雨が降り続けると、花火大会は中止になるおそれがあります　　　。

（1）あります／気を付けて／おそれが／割れてしまう／この荷物は／運ばないと、

　　　_____。

（2）子供だけだと、／ついて行きます／になる／一緒に／あるので、／迷子／おそれが

　　　_____。

（3）あるので、／打つこと／インフルエンザの／おそれが／にしました／注射を

　　　_____
　　　_____。

（4）超えてしまう／思っていたよりも／集まっているので、／定員を／人が／おそれが／たくさん／あります

　　　_____
　　　_____。

問題 IV 正しいほうを選びましょう。

(例) 最近、山田さんは学校を (休んで ／ (休み)) がちなので、心配です。

(1) トイレの電気を消すのは、みんな (忘れ ／ 忘れて) がちなので、気を付けましょう。

(2) ビニールとプラスチックは、一緒に (捨てて ／ 捨て) しまいがちですが、ちゃんと分けて捨てるようにしてください。

(3) 中田さんは無口なので、みんなに怖い人と (思い ／ 思われ) がちですが、本当はとても優しい人です。

(4) 外国人が日本語を話すときは、最初の一文字のアクセントが (強く ／ 強い) なりがちです。

問題 V 正しく予測している文を選びましょう。

(例) 「この問題はテストに出ます」 可能性 (80%くらい)

 a. この問題はテストに出るはずです。

 b. この問題はテストに出るかもしれません。

(1) 「電車が止まっています」 可能性 (30%くらい)

 a. もしかしたら電車が止まっているかもしれません。

 b. きっと電車が止まっているんでしょう。

(2) 「今井さんはまだ帰っていません」 可能性 (100%に近い)

 a. ひょっとしたら、今井さんはまだ帰っていないかもしれません。

 b. 今井さんが帰っているはずがありません。

問題 VI 漢字はひらがなで、ひらがなは漢字で書きましょう。

(例) 「難しい」 → __むずかしい__　　「たいへん」 → __大変__

(1) 「混雑」 → _____　　(2) 「げんいん」 → _____

(3) 「留守」 → _____　　(4) 「ちょうりする」 → _____

(1)「可能」と反対の意味の言葉はどれですか。

　　a. 非可能　　　b. 不可能　　　c. 未可能　　　d. 無可能

　　① （　　　　　　　）

(2) 何と読みますか。ひらがなで書きましょう。

　　②「専攻」　　→ _____

　　③「就く」　　→ _____

(3) 漢字で書きましょう。

　　④「つかいわける」　→ _____

　　⑤「こうそくどうろ」　→ _____

(4)（　）に入る一番いい言葉を選びましょう。

　　⑥あのゲームは人気商品だから、（　　　　　　）もう売り切れているかもし

　　れないよ。

　　a. 間違いなく　　　b. 絶対に　　　c. ひょっとしたら　　　d. もちろん

(5)（　）に入る正しい形を選びましょう。

　　⑦今週は晴れる日が無く、（　　　　　　）がちの天気が続くでしょう。

　　a. 曇る　　　b. 曇ってい　　　c. 曇り　　　d. 曇らせ

　　⑧あの道はいつも混んでいて渋滞に（　　　　　　）おそれがあるので、この

　　道を使って帰りましょう。

　　a. なりそう　　　b. なっている　　　c. なるの　　　d. なった

　　⑨この高校は、おととしの夏から今年の夏（　　　　　　）5回も野球の全国大

　　会に出場しています。

　　a. かけて　　　b. をかけて　　　c. とかけて

　　d. にかけて

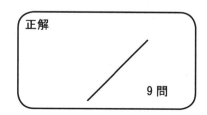

正解

╱

9問

問題 I　□の中から言葉を選んで、助詞をつけて＿＿に書きましょう。

「紅葉荘」

（例）**町の**　様子は、(1)＿＿＿＿＿＿＿＿　ともに変わっていくのに、紅葉荘は創業以来ずっと (2)＿＿＿＿＿＿＿＿　姿で皆様に愛されてきました。(3)＿＿＿＿＿＿＿＿　露天風呂から見えるライトアップされた紅葉は、時間が (4)＿＿＿＿＿＿＿＿　を忘れさせます。

「松の屋」

去年、(5)＿＿＿＿＿＿＿＿　紹介されて以来、「美人の湯」と呼ばれている肌にいい温泉は、毎日たくさんの人が訪れるようになりました。季節が (6)＿＿＿＿＿＿＿＿　ともに、港から送られてくる (7)＿＿＿＿＿＿＿＿　変わるので、夕食は何が出てくるか (8)＿＿＿＿＿＿＿＿　していてください。

町	食材	そのまま	じまん
時代	楽しみ	テレビ	経つ　変わる

問題 II　（　）に入る正しい形を選びましょう。

（例）テレビで（　c　）以来、たくさん人が来るようになりました。

　a. 紹介される　　b. 紹介された　　**c. 紹介されて**　　d. 紹介しよう

(1) 6年間付き合っていた彼女と（　　　　）以来、今までずっと恋人がいません。

　a. 別れ　　　　b. 別れろ　　　　c. 別れられ　　　　d. 別れて

(2) このデパートは、（　　　　）以来、ついにお客さんの数が10万人を超えました。

　a. 完成する　　b. 完成　　　　c. 完成の　　　　d. 完成て

(3) 高校生のときに、初めてスノーボードを（　　　　）以来、すっかり好きになっ

て、毎年5回以上行っています。

a. 経験   b. 経験して   c. 経験て   d. 経験の

(4) 主人は、この病院で働くように（　　　　）以来、家に帰ってくる時間が遅く

なりました。

a. なる   b. なった   c. なって   d. なり

問題 Ⅲ 二つの文が同じ意味なら〇を、意味が違うものには×を書きましょう。

（例）（ 〇 ）

   a. 季節が変わるとともに、山の色も変わっていきます。

   b. 季節が変わるのと一緒に、山の色も変わっていきます。

(1) （　　　　）

   a. 最近、お酒を飲む量が増えるとともに、体重も増えてきてしまいました。

   b. 最近、お酒を飲む量が増えるのに伴って、体重も増えてきてしまいました。

(2) （　　　　）

   a. 子供の数が減るとともに、学校の数も減ってきました。

   b. 子供の数が減るのと同時に、学校の数も減ってきました。

(3) （　　　　）

   a. インターネットを使う機会が増えるとともに、大事な情報を人に見られや

すくなりました。

   b. インターネットを使う機会が増えないうちに、大事な情報が人に見られや

すくなりました。

(4) （　　　　）

   a. 夫の仕事が変わるたびに、家族みんなで引越しました。

   b. 夫の仕事が変わるのに伴って、家族みんなで引越しました。

問題 IV　（　　）の言葉を使って、経験を表す文を作りましょう。

(例) 時間（　月に1度　）　すること（　登山　）

　　 私は、　　**月に1度、登山をしています**　　。

(1) 時間（　高校生のとき、3年間　）　すること（　テニス　）

　　 私は、＿＿＿＿＿＿＿＿＿＿＿＿＿＿＿＿＿＿＿＿＿　。

(2) 時間（　学生のときからずっと　）　読むもの（　この雑誌　）

　　 私は、＿＿＿＿＿＿＿＿＿＿＿＿＿＿＿＿＿＿＿＿＿　。

(3) 時間（　今まで5年間　）　働く場所（　郵便局　）

　　 私は、＿＿＿＿＿＿＿＿＿＿＿＿＿＿＿＿＿＿＿＿＿　。

(4) 時間（　大学生になるまで　）　使うもの（　このかばん　）

　　 私は、＿＿＿＿＿＿＿＿＿＿＿＿＿＿＿＿＿＿＿＿＿　。

(5) 時間（　これからもずっと　）　続けること（　バスケット　）

　　 私は、＿＿＿＿＿＿＿＿＿＿＿＿＿＿＿＿＿＿＿＿＿　。

問題 V　　漢字はひらがなで、ひらがなは漢字で書きましょう。

(例)「難しい」　→　　**むずかしい**　　　「たいへん」　→　　**大変**

(1)「高齢化」　　→　＿＿＿＿＿＿＿　(2)「ぜいきん」　→　＿＿＿＿＿＿＿

(3)「つま」　　　→　＿＿＿＿＿＿＿　(4)「得る」　　　→　＿＿＿＿＿＿＿

(5)「ほいくえん」→　＿＿＿＿＿＿＿　(6)「介護福祉」　→　＿＿＿＿＿＿＿

(7)「かこ」　　　→　＿＿＿＿＿＿＿　(8)「みらい」　　→　＿＿＿＿＿＿＿

(1)「定年退職_{ていねんたいしょく}」の意味を簡単_{かんたん}に説明しましょう。

　　① _____ 。

(2) 何と読みますか。ひらがなで書きましょう。

　　②「主役」　→ _____

　　③「騒音」　→ _____

(3) 漢字で書きましょう。

　　④「しょどう」　→ _____

　　⑤「なつかしい」　→ _____

(4) （　）に入る一番いい言葉を選_{えら}びましょう。

　・風が強くなると⑥（　　　　　　　　）、雨もはげしくなってきました。
　　⑥ a. 以来_{いらい}　　　b. 伴_{ともな}って　　　c. ともに　　　d. に伴_{ともな}って

　・7さいでピアノを始めて⑦（　　　　　）、今でも週に1度レッスンを⑧（　　　　　　　　）。
　　⑦ a. 以来_{いらい}　　　b. 伴_{ともな}って　　　c. とともに　　　d. ともに

　　⑧ a. 受けてきました　　　b. 受けています　　　c. 受けていきます

　　　d. 受けていました

(5)「伴_{ともな}う」という言葉を使って、一つの文にしましょう。

　「来週から新入社員_{しんにゅうしゃいん}が入ってきます。」

　「新しいパソコンを5台も買うことになりました。」

　　⑨ _____

　　_____ 。

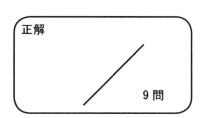

正解

／

9問

問題Ⅰ　□の中から言葉を選んで、助詞をつけて＿に書きましょう。

……しばらくして、（例）**玄関の**　ドアが開きました。

「ごめんください、警察です。」あわてる様子もない、とてもやさしい警察官の声を聞いたとたん、私は（1）＿＿＿＿＿　あふれてきました。

「どうもすみません。（2）＿＿＿＿＿　せいなんです…。私があんなひどいことを言った（3）＿＿＿＿＿　、子供がいなくなってしまったんです。」私の声は震えていました。そして、警察官は（4）＿＿＿＿＿　話し始めました。

「お母さんにとっては、（5）＿＿＿＿＿　しれませんが、（6）＿＿＿＿＿　とっては、母親との会話というのは、とても大事なんですよ。あなたが（7）＿＿＿＿＿　どうでしたか。いろんなことをお母さんに聞いてもらいたいと思っていませんでしたか。」「…はい。そうですね。ちゃんと聞いてあげれば良かったです。」警察官は私の言葉を聞いたとたん、（8）＿＿＿＿＿　笑いました。そして、玄関の外に向かって、「聞いた？　お母さん、お話ちゃんと聞いてくれるって。」と言いました。すると、玄関の外でこそこそと動く影が、家の中に入ってきました。

玄関	子供	子供のころ	何でもないこと
ばかり	ゆっくり	涙	にっこり　私

問題Ⅱ　正しいほうを選びましょう。

（例）私が道を（ **間違った** ・ 間違いの ）せいで、友達も一緒に遅刻しました。

（1）テレビが（ 壊れた ・ 壊れの ）せいで、毎週見ていた番組が見られませんでした。

（2）お昼ご飯を（ 食べ過ぎの ・ 食べ過ぎた ）せいで、サッカーの試合で動けませんでした。

(3) 今日は大事なテストだっだんですが、（ 寝不足(ねぶそく) ・ 寝不足(ねぶそく)の ）せいで、全然(ぜんぜん)できませんでした。

(4) 先週(せんしゅう)から息子(むすこ)がピアノの練習(れんしゅう)を始めたんですが、先生が（ 怖(こわ)くて ・ 怖(こわ)かった ）せいで、「もうやめる」と言っているんです。

(5) 昨日(きのう)は忘年会(ぼうねんかい)でしたが、（ 風邪(かぜ) ・ 風邪(かぜ)の ）せいでお酒も飲めないし、食べ物も食べられないので、早く帰りました。

問題 Ⅲ 二つの文の___の言葉が同じ意味で使われているものには○、違(ちが)うものには×を書きましょう。

(例)（ ○ ）

a. 私が大きな声を出してしまった<u>ばかりに</u>、鳥が逃げてしまいました。

b. 私が連絡(れんらく)をしなかった<u>ばかりに</u>、彼(かれ)はここへ来ませんでした。

(1)（　　）

a. 駅のホームでちょっと居眠(いねむ)りしていた<u>ばかり</u>に、かばんをすられてしまった。

b. 私は電車の中で居眠(いねむ)り<u>ばかり</u>していて、よく乗り過(す)ごしてしまう。

(2)（　　）

a. 私の娘(むすめ)は、背が高い<u>ばかり</u>に、子供料金(りょうきん)でバスに乗(の)ると注意されることがあります。

b. 私の娘(むすめ)は、弟(おとうと)とけんか<u>ばかり</u>しているので、祖母(そぼ)に注意されることがあります。

(3)（　　）

a. 父はどこに旅行しても、山の写真<u>ばかり</u>撮(と)ってきます。

b. 彼(かれ)は、恋人(こいびと)がいるのに、他(ほか)の女の子の友達(ともだち)と<u>ばかり</u>遊んでいます。

(4)（　　）

a. 子供の頃(ころ)、親に甘(あま)やかされた<u>ばっかり</u>に、彼(かれ)は今でも好き嫌(きら)いが多いです。

b. 子供の頃(ころ)、親に甘(あま)やかされたので、彼(かれ)は今でも好きな物<u>ばっかり</u>食べます。

問題 IV　正しいほうを選びましょう。

(例) 私が (（歩いていた） ／ 歩いた) ところへ自転車がぶつかってきたんです。

(1) 先生は私が (悩んでいた ／ 悩む) ところを、いつも助けてくれました。

(2) これから家を (出ていた ／ 出よう) としたところに、雨が降ってきました。

(3) 昨日、駅で友達が知らない人とけんかをしている (ところに ／ ところを) 警察がやってきました。

問題 V　言葉を並べ替えて正しい文を作りましょう。また、使わない言葉を一つ書きましょう。

(例) 出た／会社を／出る／しまいました／とたん、／降ってきて／雨が

　　会社を出たとたん、雨が降ってきてしまいました　　　　　。

　　使わない言葉 （ 出る ）

(1) 走り出しました／とたん、／警察の姿を／少年は／見て／見た

　　＿＿＿＿＿＿＿＿＿＿＿＿＿＿＿＿＿＿＿＿＿＿＿＿＿＿＿。

　　使わない言葉 （　　　　　）

(2) 終わり／全く／なってしまった／とたん、／試験が／勉強しなく／終わった

　　＿＿＿＿＿＿＿＿＿＿＿＿＿＿＿＿＿＿＿＿＿＿＿＿＿＿＿。

　　使わない言葉 （　　　　　）

問題 VI　漢字はひらがなで、ひらがなは漢字で書きましょう。

(例)「難しい」 → 　**むずかしい**　　　「たいへん」 → 　**大変**

(1)「だく」　　　→ ＿＿＿＿＿＿　(2)「現れる」　→ ＿＿＿＿＿＿

(3)「みおくる」　→ ＿＿＿＿＿＿　(4)「精算」　　→ ＿＿＿＿＿＿

月　　日　名前　＿＿＿＿＿＿＿

(1)「表す」という漢字を正しく使っている文を選びましょう。

　　a. 靴が汚れているので、子供に表せました。

　　b. パーティーはあと10分くらいで終わるのに、やっと田中さんが表れました。

　　c. 電車の中から外を見ていたら、富士山が突然姿を表しました。

　　d. 強風という言葉は、とても強い風のことを表しています。

　　①（　　　　　）

(2) 何と読みますか。ひらがなで書きましょう。

　　②「枝」　→　＿＿＿＿＿＿＿＿

　　③「庭」　→　＿＿＿＿＿＿＿＿

(3) 漢字で書きましょう。

　　④「でんきゅう」　→　＿＿＿＿＿＿＿＿

　　⑤「ていきけん」　→　＿＿＿＿＿＿＿＿

(4)「ばかり」の意味が同じ文を選びましょう。

　「私がうそをついてしまったばかりに、恋人にふられてしまいました。」

　　a. 自分の好きなものばかり食べていてはいけませんよ。

　　b. たった一人がふざけていたばかりに、クラス全員が怒られました。

　　c. たった今食事を始めたばかりなので、もう少し待っていてもらえませんか。

　　d. 毎日毎日ゲームばかりしていると、目が悪くなってしまいます。

　　⑥（　　　　　）

(5)「とたん」という言葉を使って文を書き換えましょう。

　「昨日はとても疲れていて、お風呂から出たらすぐに、そのままベッドで寝てしまいました。」

　　⑦　＿＿＿＿＿＿＿＿＿＿＿＿＿＿＿＿＿＿＿＿＿

　　　　＿＿＿＿＿＿＿＿＿＿＿＿＿＿＿＿　。

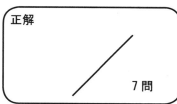

正解

7問

問題Ⅰ □の中から言葉を選んで、助詞をつけて＿＿に書きましょう。

この二つの（例）**グラフは**　、私が、先月学校の（1）＿＿＿＿＿＿　、友達や家族や街の人に、「インターネットを一週間にどのくらい使いますか。」という（2）＿＿＿＿＿＿　して、その（3）＿＿＿＿＿＿　まとめたものです。

まず「一週間に何日くらい使うか」を聞きました。グラフ①によると、日数が（4）＿＿＿＿＿＿　つれてだんだん人数が増えます。しかし、3〜4日のあとは、日数が多くなるにつれて人数は減っていくことがわかります。一週間に（5）＿＿＿＿＿＿　使わない人がいることもわかりました。

次に、「毎日使う」と答えた人に「年齢」を聞きました。割合が増えたのは10代から20代に年齢が上がったときだけで、あとは、年齢が（6）＿＿＿＿＿＿　したがって割合は減る一方でした。でも、60代の人の中にも、毎日使用している人がいておどろきました。私は、（7）＿＿＿＿＿＿　進むにつれて、この割合はどんどん増えていくと思いました。

グラフ	一日	時代	質問
答え	上がる	多くなる	課題

問題Ⅱ 正しいほうを選びましょう。

（例）彼は大人になる（ （に） ／ の ）つれて、言葉の使い方がていねいになってきました。

(1) 先輩とたくさん話すようになるに（ つれて ／ つれると ）、考え方が変わってきました。

(2) 夏が（ 近づいた ／ 近づく ）につれてどんどん気温が上がってきました。

(3) 本を読む量が増えるの（　つれて　／　につれて　）、分かる言葉も増えて
きました。

(4) 日本での生活に慣れる（　に　／　の　）つれて、使うお金も増えてきました。

問題 Ⅲ　（　）に入る正しい形を選びましょう。

(例) テニスが（　c　）なるにしたがって、練習が楽しくなりました。

　a. 上手　　　b. 上手で　　　c. 上手に　　　d. 上手の

(1) あのアイドルは人気が（　　　）にしたがって、どんどんきれいになっています。

　a. 上がった　　　b. 上がる　　　c. 上がり　　　d. 上げる

(2) 大きなビルの建設が（　　　）したがって、大きなトラックが通るようになり
ました。

　a. 進みに　　　b. 進むに　　　c. 進んでに　　　d. 進むときに

(3) 色を（　　　）にしたがって、彼が何を書いていたかだんだん分かってきました。

　a. 付いている　　　b. 付いていく　　　c. 付けている　　　d. 付けていく

問題 Ⅳ　正しいほうを選びましょう。

(例) このままゴミが増えれば、環境は（　良くなる　／　(悪くなる)　）一方です。

(1) 彼女にちゃんと謝らないと、（　好かれる　／　嫌われる　）一方だよ。

(2) あの人は、いつもダイエットしていると言っているけど、（　太る　／　やせ
る　）一方ですよね。

(3) 音楽をダウンロードできるようになったので、これからＣＤはますます
（　売れていく　／　売れなくなる　）一方です。

(4) このまま自動車が増え続ければ、道が（　混む　／　すく　）一方だよ。

(5) 最近は、いいこともなくて、仕事も大変だから、ストレスが（　たまる　／
減る　）一方です。

問題 V　（　）の言葉の形を変えて＿＿に書きましょう。

（例）（　大きい　）

うわー！　お子さん　**大きく**　なりましたねー。

(1)　（　広い　）

田中さんの家は、台所をリフォームして、とても ＿＿＿＿＿＿ なりましたよ。

(2)　（　きたない　）

昨日、雨が降ってどろどろになった道を走ったから、車がこんなに

＿＿＿＿＿＿ なっちゃったよ。

(3)　（　静かな　）

となりの教室が急に ＿＿＿＿＿＿ なりました。

(4)　（　元気な　）

よかったね。けがも治ってすっかり ＿＿＿＿＿＿ なったね。

(5)　（　少ない　）

日本は、生まれてくる子供の数がどんどん ＿＿＿＿＿＿ きています。

(6)　（　きれいな　）

彼女は高校生になってとてもかわいくなりましたね。これからもますます

＿＿＿＿＿＿ いくでしょう。

問題 VI　漢字はひらがなで、ひらがなは漢字で書きましょう。

（例）「難しい」　→　**むずかしい**　　　「たいへん」　→　**大変**

(1)「物事」　　　→　＿＿＿＿＿＿　　(2)「もりあがる」→　＿＿＿＿＿＿

(3)「くも」　　　→　＿＿＿＿＿＿　　(4)「ちょうさ」　→　＿＿＿＿＿＿

(5)「てんねん」　→　＿＿＿＿＿＿　　(6)「上昇」　　　→　＿＿＿＿＿＿

(7)「被害」　　　→　＿＿＿＿＿＿　　(8)「失恋」　　　→　＿＿＿＿＿＿

月　　日　名前 _____

(1) 「徐々に」と同じ意味の言葉を選びましょう。

a. いっきに　　　　b. ますます　　　　c. 急いで　　　　d. 少しずつ

① (　　　　　　)

(2) 何と読みますか。ひらがなで書きましょう。

② 「縮小」　　→ _____

③ 「距離」　　→ _____

(3) 漢字で書きましょう。

④ 「ぞうかする」　　→ _____

⑤ 「げんしょうする」　→ _____

(4) 言葉を並べ替えて正しい文を作りましょう。

A: すごい渋滞だけど、3時までに着くかなあ。

B: 道路も／すいてくる／街の／につれて、／離れていく／中心から／から、

⑥ _____

心配ないよ。

(5) (　) に入る正しい組み合わせを選びましょう。

・今の日本は、税金も (　　) 一方だけど、その税金の無駄遣いも (　　) 一方です。

a. 上がる－下がる　　b. 上がる－増える

c. 下がる－増える　　d. 下がる－減る　　　⑦ (　　　　　　)

・新しいゲームが次々と (　　) にしたがって、外で遊ぶ子供が (　　) きました。

a. 発売－無くなって　　b. 発売される－増えて

c. 発売－広がって　　　d. 発売される－減って

⑧ (　　　　　　)

正解

／

8問

問題 Ⅰ ☐の中から言葉を選んで、助詞をつけて＿＿に書きましょう。

まず、(例) **下の** ようなアンケートを書いてもらいます。自分の日本語レベルや (1)＿＿＿＿＿＿ ついて回答してもらいます。

次に、テストを受けてもらいます。このテストは、(2)＿＿＿＿＿＿ 使用する基本的な文法を (3)＿＿＿＿＿＿ 作られた、全50問の選択式のテストです。

(4)＿＿＿＿＿＿ 結果とアンケートをもとに、国籍を問わず、「文法クラス」を決めます。このクラスで日本語の文法を勉強します。

その後、学習者3、4人と集団面接をして、話す力と聞く力のチェックを行います。この (5)＿＿＿＿＿＿ もとに「技能クラス」を決めます。「技能クラス」は国籍と (6)＿＿＿＿＿＿ 応じてクラス分けをします。

下　　　中心　　　面接の結果　　　学習者のニーズ
日常会話　　　勉強したいこと　　　このテスト

問題 Ⅱ ＿＿に入る言葉を書きましょう。

(例) テストの結果と **アンケート** をもとにクラスを決めました。

(1) ＿＿＿＿＿ をもとに60年前の日本について調べました。

(2) 昨日買ったプラモデルを、＿＿＿＿＿ をもとに組み立てました。

(3) この問題集は、過去の ＿＿＿＿＿ をもとに作られています。

(4) この小説は、彼の子供の頃の ＿＿＿＿＿ をもとに書かれています。

(5) テレビを使っている人の ＿＿＿＿＿ をもとに、毎年新しい商品を作ります。

(6) 電話で話した被害者との ＿＿＿＿＿ をもとに、警察は調査を進めています。

問題 III　（　）に入る言葉を選びましょう。

（例）関東（　b　）を中心に激しい雨が降っています。

   a. 全体　　　b. 地方　　　c. 方向　　　d. 以外

(1) 関西弁は（　　　　）を中心に西日本全体で使われています。

   a. 沖縄　　　b. 九州　　　c. 東京　　　d. 大阪

(2) このチームは、（　　　　）を中心に非常によくまとまっていて、とても強い。

   a. キャプテン　　b. プレー　　c. 試合　　d. 練習

(3) 私は大学で経済学を専攻しました。その中でも特に、（　　　　）を中心
に勉強しました。

   a. ヨーロッパ経済　　　b. 4年間　　　c. 経営学科　　　d. 大学の図書館

問題 IV　言葉を並べ替えて正しい文を作りましょう。

（例）されます／応じて／支給／給料は、／経験に

   給料は、経験に応じて支給されます　　　　　　　。

(1) 希望に／変えました／予定を／相手の／応じて、

   _____。

(2) 家族が／中止しました／反対したのに／父は／引っ越しを／応じて、

   _____。

(3) 応じないで、／工事を／あの会社は、／私達の／始めてしまいました
／反対意見に

   _____。

第19課

問題 V　　　___に入る言葉を書きましょう。

(例) サッカーはボールさえあれば、場所を問わず、　**どこでも**　できます。

(1) このテレビ番組は、年齢、性別は問わず、_____ 楽しめるでしょう。

(2) 彼は、勉強も運動も、教科や種類を問わず、_____ できます。

(3) コンビニは年中無休なので、時間を問わず、_____ 荷物が出せたり、公共料金を払ったりできます。

(4) 私はお酒なら、種類や味を問わず、_____ 飲んでしまいます。

問題 VI　　　①・②の□の中から一つずつ文や言葉を選んで正しい文を作りましょう。

①
| a. 仕事をする　　　b. 日本語を勉強する |
| c. 東京駅から新宿駅に行く　　　d. 海外旅行をするとき |

② | a. 使える　　　b. わかりやすい　　　c. なくてはならない　　　d. 役に立つ |

(例) 中央線は　（①: c　）には　一番（②: b　）と思います。

(1) 国語辞典は　（①:　　）には　とても（②:　　）。

(2) パソコンは　（①:　　）には　（②:　　）ものです。

(3) クレジットカードは　（①:　　）にも　（②:　　）から、とても便利です。

問題 VII　　　漢字はひらがなで、ひらがなは漢字で書きましょう。

(例)「難しい」　→　**むずかしい**　　　「たいへん」　→　**大変**

(1)「初心者」　→　_____　　　(2)「しんろ」　→　_____

(3)「そうごう」　→　_____　　　(4)「ぶつり」　→　_____

(5)「予算」　→　_____　　　(6)「提案」　→　_____

月　　日　名前 ＿＿＿＿＿＿＿＿

(1)「ヒットする」の意味を簡単(かんたん)に書きましょう。

　　① ＿＿＿＿＿＿＿＿＿＿＿＿＿＿＿＿＿＿＿＿＿＿＿ 。

(2) 何と読みますか。ひらがなで書きましょう。

　　②「高層」　　→ ＿＿＿＿＿＿＿＿

　　③「光熱費」　→ ＿＿＿＿＿＿＿＿

(3) 漢字で書きましょう。

　　④「けんせつ」　　→ ＿＿＿＿＿＿＿＿

　　⑤「やね」　　　　→ ＿＿＿＿＿＿＿＿

(4) 下の文の間違(まちが)っている部分(ぶぶん)を書いて、正しく直(なお)しましょう。

　・この映画は、主人公(しゅじんこう)の 少年(しょうねん)の生活するを 中心(ちゅうしん)に作られています。

　　⑥（　間違(まちが)っている部分(ぶぶん)　→ 　　　　　　　）

　　正しい文 ＿＿＿＿＿＿＿＿＿＿＿＿＿＿＿＿＿＿＿ 。

　・今までの試合(しあい)の内容(ないよう)と結果(けっか)がもとにして、練習(れんしゅう)メニューを考えました。

　　⑦（　間違(まちが)っている部分(ぶぶん)　→ 　　　　　　　）

　　正しい文 ＿＿＿＿＿＿＿＿＿＿＿＿＿＿＿＿＿＿＿ 。

(5) 言葉を並(なら)べ替(か)えて正しい文を作りましょう。また、使わない言葉を一つ書きましょう。

　同じように／筆(ふで)の値段や／どちら／問(と)わず、／と言いました／どんな／質(しつ)は／筆(ふで)でも／書ける

　　⑧　書道(しょどう)の先生は、＿＿＿＿＿＿＿＿＿＿＿＿＿＿＿＿＿

　　＿＿＿＿＿＿＿＿＿＿＿＿＿＿＿＿＿＿＿＿＿＿＿ 。

　　使わない言葉　（　　　　　　　）

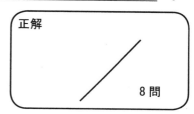

正解

8問

問題 I □の中から言葉を選んで、助詞をつけて___に書きましょう。

あれから、いろいろ調べたり、（例）**友達に** 話を聞いたりして、僕は (1)_____ バスケットボールを (2)_____ 思っています。(3)_____ よると、いろいろな雑誌や (4)_____ も車椅子のバスケットボールは注目されているそうです。(5)_____ ルールもわかるし、野球と同じ (6)_____ し、楽しそうだからです。そして、僕もいつか鈴木選手のような (7)_____ なりたいと思います。そのために、これからもリハビリをやりぬいて、自分に負けないように努力します。

書きたいことがありすぎて、(8)_____ は書ききれません。だから、また会ってたくさん話がしたいです。その日を楽しみにしています。

高橋　大輔

友達	手紙	まんが	車椅子	スター選手
チームスポーツ		やってみよう	友達の話	バスケット

問題 II 文の意味を表している言葉を、書きましょう。

（例）　たくさんあって、無理だと思っていたが、なんとか最後まで食べ終えました。

→ （　**食べきった**　）

(1) 昨日買った本を読んでみたら、面白くて昨日の夜のうちに読み終えました。

→ （　　　　　　）

(2) 私は初めてボールペンを書けなくなるまで使いました。

→ （　　　　　　）

(3) マラソンの途中で足が痛くなって、最下位になってしまったが、がんばってゴールしました。

→ （　　　　　　　）

（4）2年も会っていなかったから、いろんな話がしたいですが、一日では無理^{むり}ですね。

→ （　　　　　　　）

問題 Ⅲ　（　）に入る正しい形^{かたち}を選^{えら}びましょう。

（例^{れい}）受験勉強^{じゅけん}を最後まで（　c　）ぬいた結果^{けっか}、大学に合格^{ごうかく}できました。

　a. やる　　　b. やれ　　　c. やり　　　d. やった

（1）最近、最後まで自分で（　　　　）ぬくことができない子供が増えている。

　a. 考える　　　b. 考え　　　c. 考えた　　　d. 考えて

（2）私は中学校のとき、厳^{きび}しい練習に（　　　　）ぬいて、全国大会^{ぜんこくたいかい}で優勝^{ゆうしょう}すること

　ができました。

　a. 耐^たえた　　　b. 耐^た　　　c. 耐^たえて　　　d. 耐^たえ

（3）祖父^{そふ}は病気と（　　　　）ぬき、100さいまで長生きをすることができました。

　a. 闘^{たたか}う　　　b. 闘^{たたか}い　　　c. 闘^{たたか}おう　　　d. 闘^{たたか}

問題 Ⅳ　言葉^{ことば}を並^{なら}べ替^かえて正しい文を作りましょう。また、使わない言葉
　　　　　を一つ書きましょう。

（例^{れい}）信^{しん}じ／結婚^{けっこん}する／あの人が／信^{しん}じる／がたいです／なんて、

　　<u>あの人が結婚^{けっこん}するなんて、信^{しん}じがたいです</u>　　　　　　。

　使わない言葉　（　信^{しん}じる　）

（1）言い／私の／きれいとは／字は／他^{ほか}の人に／がたいので、／頼^{たの}んでください
　　／言う

　　_____。

　使わない言葉　（　　　　　　　）

（2）気持ちは／理解^{りかい}し／かわいがらない／親の／がたい／自分の子供を／理解^{りかい}する

　　_____。

使わない言葉　（　　　　　　）

(3) 試合に／優勝し／たら、／ても、／出ていないから、／自分は／喜びがたい

_____ 。

使わない言葉　（　　　　　　）

問題 Ⅴ　（　　）に入る言葉を選びましょう。

(例) この薬は（　d　）に飲んでください。

　　a. 食べ終わり　　　b. 食べ終わる　　　c. 食べ後　　　d. 食後

(1) 名前を（　　　　）ら、えんぴつを置いてください。

　　a. 書き始めた　　　b. 書き終わった　　　c. 書いていた　　　d. 書き出した

(2) まだ会議の（　　　　）ですから、少し静かにしてもらえませんか。

　　a. 最中　　　b. 間　　　c. ところ　　　d. ばかり

(3) 入院している（　　　　）にたくさんの人がお見舞いに来てくれました。

　　a. 中　　b. 前　　c. 後　　d. 間

(4) コンサートが終わってからも、たくさんの人が残っていましたが、やっとみんな席を立ち（　　　　）。

　　a. 始めました　　　b. 終わりました　　　c. ところです　　　d. 途中です

問題 Ⅶ　漢字はひらがなで、ひらがなは漢字で書きましょう。

(例)「難しい」 → __むずかしい__　　　「たいへん」 → __大変__

(1)「ぎゃくてん」 → _____　　(2)「強調」　　 → _____

(3)「かんりょう」 → _____　　(4)「5 びょう」 → _____

(5)「さぎょう」　 → _____　　(6)「段階」　　 → _____

(7)「厚い」　　　 → _____　　(8)「教習所」　 → _____

月　　日　名前 ＿＿＿＿＿＿＿＿＿

(1)「報告」の意味を簡単に書きましょう。

　　① ＿＿＿＿＿＿＿＿＿＿＿＿＿＿＿＿＿＿＿＿＿＿＿ 。

(2) 何と読みますか。ひらがなで書きましょう。

　　②「平気」　→　＿＿＿＿＿＿＿

　　③「頂上」　→　＿＿＿＿＿＿＿

(3) 漢字で書きましょう。

　　④「かんどう」　　　→　＿＿＿＿＿＿＿

　　⑤「さくら」　　　　→　＿＿＿＿＿＿＿

(4) 言葉を並べ替えて正しい文を作りましょう。また、使わない言葉を一つ書きましょう。

　　カレーライスを／きったなんて／女性が／あんな細い／一人で／食べて／食べ／信じがたいです／二人前の

　　⑥ ＿＿＿＿＿＿＿＿＿＿＿＿＿＿＿＿＿＿＿＿＿＿＿ 。

　　　　使わない言葉　（　　　　　　　）

　　始めていました／迷って、／道に／着いたときには、／もう／ところ／会場へ／お客さんが／ようやく／帰り

　　⑦ ＿＿＿＿＿＿＿＿＿＿＿＿＿＿＿＿＿＿＿＿＿＿＿ 。

　　　　使わない言葉　（　　　　　　　）

(5)「ちょうど」を正しく使っている文を選びましょう。

　a. 何時間も並んで、<u>ちょうど</u>買うことができました。

　b. 練習を始めてから、今日で<u>ちょうど</u>2か月になります。

　c. すみません、まだ<u>ちょうど</u>終わっていません。

　d. 音が小さいですから、<u>ちょうど</u>大きくしてください。

　⑧　（　　　　　）

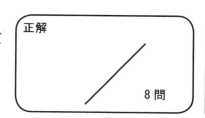

正解　　／　　8問

総合テスト（文法）

月　　日

問題 I　□の中から言葉を選んで、＿＿に書きましょう。

(例) 進学に　**ついて**　のアンケートを書いてもらいます。

(1) 子供の数が減っているのに ＿＿＿＿＿＿＿＿ 学校の数も減っている。

(2) サービスが悪かったので、店員に ＿＿＿＿＿＿＿＿ 文句を言いました。

(3) あなたの希望に ＿＿＿＿＿＿＿＿ 旅行プランを計画します。

(4) お正月は他の日に ＿＿＿＿＿＿＿＿ 飛行機のチケットの値段が高い。

(5) ここで選手の交代があります。鈴木に ＿＿＿＿＿＿＿＿ 中村が入ります。

(6) 今日は、昼から夜に ＿＿＿＿＿＿＿＿ 大雨になります。

(7) 先生の話に ＿＿＿＿＿＿＿＿ ここには昔、お城があったということです。

(8) 日本一を決める試合は、札幌球場に ＿＿＿＿＿＿＿＿ 行われます。

ついて	応じて	したがって	比べて	
おいて	よると	かけて	対して	かわって

×2 （16）

問題 II　言葉を並べ替えて正しい文を作りましょう。また、使わない言葉を一つ選んで（　）に書きましょう。

(例) あそこのラーメンは／きれませんでした／量が／食べ／食べた／多くて

　　あそこのラーメンは量が多くて食べきれませんでした　。　（　**食べた**　）

(1) 今日は、／サボる／勉強を／勉強します／サボり／最近は、／帰って／気味なので、

＿＿＿＿＿＿＿＿＿＿＿＿＿＿＿＿＿＿ 。 （　　　）

(2) 仕事が／手伝ってくれた／終わりました／おかげで、／ワンさんが／手伝ってくれる

＿＿＿＿＿＿＿＿＿＿＿＿＿＿＿＿＿＿ 。 （　　　）

(3) 夢の／そんな／信じられません／ような／ように／話は

＿＿＿＿＿＿＿＿＿＿＿＿＿＿＿＿＿＿＿＿＿＿＿＿＿＿。（　　　　）

(4) イギリスに／わけにはいきません／行くのだから、／勉強しない／勉強する
／英語を

＿＿＿＿＿＿＿＿＿＿＿＿＿＿＿＿＿＿＿＿＿＿＿＿＿＿。（　　　　）

(5) 飲み／かけの／入ったら、／ジュースが／飲め／部屋に／おいてありました

＿＿＿＿＿＿＿＿＿＿＿＿＿＿＿＿＿＿＿＿＿＿＿＿＿＿。（　　　　）

(6) まだ／赤ちゃんが／何か／言った／がっていますが、／上手に／言いた
／話せません

＿＿＿＿＿＿＿＿＿＿＿＿＿＿＿＿＿＿＿＿＿＿＿＿＿＿。（　　　　）

(7) 国に／帰った／あなたのことは／忘れません／も／帰って／絶対に／たとえ

＿＿＿＿＿＿＿＿＿＿＿＿＿＿＿＿＿＿＿＿＿＿＿＿＿＿。（　　　　）

(8) 10年ぶりに／卒業した／以来、／卒業して／来てみました／大学を／ここへ

＿＿＿＿＿＿＿＿＿＿＿＿＿＿＿＿＿＿＿＿＿＿＿＿＿＿。（　　　　）

(9) と／言われた／言われる／とたん、／出てきて／しまいました／涙が
／「さようなら」

＿＿＿＿＿＿＿＿＿＿＿＿＿＿＿＿＿＿＿＿＿＿＿＿＿＿。（　　　　）

(10) 最近は、／がたい／理解して／事件が／理解し／多いです

＿＿＿＿＿＿＿＿＿＿＿＿＿＿＿＿＿＿＿＿＿＿＿＿＿＿。（　　　　）

＿＿＿＿×3（30）　　（　）×2（20）

問題 Ⅲ　同じ意味の文を選びましょう。

(例) 雨がやんでいるうちに帰ったほうがいいですよ。

(a.) 雨が降っていない間に帰ったほうがいいですよ。

b. 雨が降っているうちに帰ったほうがいいですよ。

(1) 二度と忘れ物はしないようにしようと誓いました。

a. 絶対に忘れ物はしまいと誓いました。

b. 絶対に忘れ物はしがたいと誓いました。

(2) 資料を作り次第ＦＡＸいたします。

　　a. 資料を作る一方でＦＡＸいたします。

　　b. 資料を作ったらすぐにＦＡＸいたします。

(3) 来週の月曜日に、健康診断を受けることになっています。

　　a. 来週の月曜日に、健康診断に行くところです。

　　b. 来週の月曜日に、健康診断に行く予定です。

(4) 今すぐ帰りたいけど帰れません。

　　a. 今すぐ帰らないわけにはいきません。

　　b. 今すぐ帰るわけにはいきません。

(5) 今日は、眠くなるほど暖かくて気持ちいい天気です。

　　a. 今日は、眠くなるくらい暖かくて気持ちいい天気です。

　　b. 今日は、眠くなるとともに暖かくて気持ちいい天気です。

(6) 最近、鈴木さんが会社を休みがちで心配です。

　　a. 最近、鈴木さんが会社をよく休むので心配です。

　　b. 最近、鈴木さんが会社を休むおそれがあるので心配です。

(7) 最後までがんばって、一人で発表をやりぬいた。

　　a. 最後までがんばって、一人で発表をし終えた。

　　b. 最後までがんばって、一人で発表をしかけた。

(8) あの有名人は、年齢を問わず、日本人ならだれでも知っています。

　　a. あの有名人は、年齢に伴って、日本人ならだれでも知っています。

　　b. あの有名人は、年齢に関係なく、日本人ならだれでも知っています。

　　　　　　　　　　　　　　　　　　　　　　　　×2　（16）

　問題 Ⅳ　文を並べ替えて、正しい文章を作りましょう。

(例) 私は（　b　）しかし、（　c　）もし（　a　）

　　a. 機会があれば、またしたいです。　　b. 大学で野球をしていました。

　　c. 大学を卒業してから一度もしていません。

(1) （　　　）とき、（　　　）あった（　　　）しまいました。

　　a. じしんが起きた　　　b. コーヒーがこぼれて　　　c. テーブルにおいて

(2) 明日は（　　　）が（　　　）ので（　　　）もらえませんか。

　　a. 急用で大阪に行かなければならない　　　b. 仕事があります

　　c. 会社を休ませて

(3) まっすぐ行くと（　　　）から、（　　　）と（　　　）よ。

　　a. 駅の南口に着く　　　b. 大きな道がある　　　c. そこを左に曲がる

×2 （6）

問題 V　文章の＿＿＿の部分を正しく直しましょう

　私の兄は(例1)怒るっぽい性格です。怒りっぽいうえに無口なので、私の友達は、少し（1）近づくがたいと言います。しかし、私はそう思いません。兄は、サッカーの試合が（2）あるのたびに、テレビの前に座って、大きな声で応援します。よろこんだり、（3）くやしがるたりする姿は、小さな子供のようでかわいいです。

　この前、母は、あの子は小さなころはよくしゃべる子だったのに、（4）大人になりにつれてどんどん無口な子になったと言っていました。それに、私の友達がみんな女の子だから、恥ずかしいのだと思います。

(例1)　怒りっぽい＿＿＿＿＿＿＿＿＿＿

(1) ＿＿＿＿＿＿＿＿＿＿＿＿＿＿＿＿

(2) ＿＿＿＿＿＿＿＿＿＿＿＿＿＿＿＿

(3) ＿＿＿＿＿＿＿＿＿＿＿＿＿＿＿＿

(4) ＿＿＿＿＿＿＿＿＿＿＿＿＿＿＿＿

×3 （12）

問題 Ⅰ 漢字を書きましょう。送りがながあるものは、送りがなも書きましょう。

（例）あつい　　**厚い**

(1) へいじつ ＿＿＿＿＿＿　　(2) かんたん ＿＿＿＿＿＿

(3) ちきゅう ＿＿＿＿＿＿　　(4) ちこく ＿＿＿＿＿＿

(5) よてい ＿＿＿＿＿＿　　(6) であい ＿＿＿＿＿＿

(7) るす ＿＿＿＿＿＿　　(8) ふえる ＿＿＿＿＿＿

(9) つもる ＿＿＿＿＿＿　　(10) けいけん ＿＿＿＿＿＿

(11) れんらく ＿＿＿＿＿＿　　(12) けっか ＿＿＿＿＿＿

(13) せいべつ ＿＿＿＿＿＿　　(14) かんじる ＿＿＿＿＿＿

(15) ようす ＿＿＿＿＿＿　　(16) たちば ＿＿＿＿＿＿

×2 （32）

問題 Ⅱ ひらがなで書きましょう。送りがながあるものは、送りがなも書きましょう。

（例）負ける　　**まける**

(1) 目標 ＿＿＿＿＿＿　　(2) 比較する ＿＿＿＿＿＿

(3) 観覧車 ＿＿＿＿＿＿　　(4) 骨折 ＿＿＿＿＿＿

(5) 天然 ＿＿＿＿＿＿　　(6) お年寄り ＿＿＿＿＿＿

(7) 学歴 ＿＿＿＿＿＿　　(8) 消防士 ＿＿＿＿＿＿

(9) 費用 ＿＿＿＿＿＿　　(10) 資格 ＿＿＿＿＿＿

(11) 期限 ＿＿＿＿＿＿　　(12) 外食 ＿＿＿＿＿＿

(13) 専攻 ＿＿＿＿＿＿　　(14) 就く ＿＿＿＿＿＿

(15) 詳細 ＿＿＿＿＿＿　　(16) 訪れる ＿＿＿＿＿＿

(17) 緊張する ＿＿＿＿＿＿　　(18) 介護福祉 ＿＿＿＿＿＿

(19) 環境問題 ＿＿＿＿＿＿　　(20) 作曲家 ＿＿＿＿＿＿

×2 （40）

問題 Ⅲ 　□の中から言葉を選んで＿＿に書きましょう。

（例）普通の風邪かと思っていたら、　**インフルエンザ**　でした。

(1) 先週引っ越した ＿＿＿＿＿＿＿ には、＿＿＿＿＿＿＿ がついていて、階段を使わなくていいので、とても楽です。

(2) あの先生はいつも、「宿題の ＿＿＿＿＿＿＿ は ＿＿＿＿＿＿＿ で送るようにしてください」と言います。

(3) 昨日渋谷で、＿＿＿＿＿＿＿ されている、仕事帰りの ＿＿＿＿＿＿＿ を見ました。

(4) ＿＿＿＿＿＿＿ やビールには ＿＿＿＿＿＿＿ が入っているので、飲んだ人は絶対に車を運転してはいけません。

(5) この前 ＿＿＿＿＿＿＿ の大会で、転んでけがをしてしまいました。病院で ＿＿＿＿＿＿＿ 写真を撮ったら、右手の骨が折れていました。

×2 （20）

インフルエンザ 　　レポート 　　　レントゲン 　　　アルコール

エレベーター 　　ワイン 　　スノーボード 　　サラリーマン

マンション 　　メール 　　インタビュー

問題 Ⅳ 　（　）の言葉を使って文を作りましょう。

（例）（　ちゃんと　）　**大事な説明なので、ちゃんと聞いてください。**

(1) （　すっかり　）

＿＿＿＿＿＿＿＿＿＿＿＿＿＿＿＿＿＿＿＿＿＿＿＿＿＿＿＿ 。

(2) （　なかなか　）

＿＿＿＿＿＿＿＿＿＿＿＿＿＿＿＿＿＿＿＿＿＿＿＿＿＿＿＿ 。

(3) （　ひょっとしたら　）

＿＿＿＿＿＿＿＿＿＿＿＿＿＿＿＿＿＿＿＿＿＿＿＿＿＿＿＿ 。

(4) （　わざわざ　）

＿＿＿＿＿＿＿＿＿＿＿＿＿＿＿＿＿＿＿＿＿＿＿＿＿＿＿＿ 。

×2 （8）

問題 I　次の文章を読んで、質問に答えましょう。

　受験に必要な科目だけを勉強して、その他の科目の授業のときは勝手に自分の受験に必要な勉強をして、レベルの高い大学に合格したAさんがいます。そして、受験に必要が無い授業もしっかり勉強したうえに、受験勉強もがんばったが、レベルの高い大学に合格できなかった学生B君がいます。あなたはどちらの学生をほめようと思いますか。私は①両方がんばった学生のほうをほめたいと思います。

　しかし、アルバイトや就職の面接のときに書く（　②　）には、「この学生は他の授業中にも受験勉強をしていたので、合格しました」とか、「この学生は受験勉強も、受験に関係無い授業もしっかり勉強しました」という説明を書くところはありません。だから、③面接のときにはAさんのほうが「高校のとき、よくがんばりましたね」とほめられます。

　私は教師として、他の人が見ることができないところをよく見て、B君のような学生がたとえ大学に合格できなくても、「あなたは正しい」としっかり言ってあげられるようになりたいと思います。

質問

(1) ①両方がんばった学生とは、どちらの学生ですか。

　　a. Aさん　　b. B君

(2) （　②　）に入る言葉は何ですか。
　　a. 登録書　　b. 履歴書　　c. 証明書　　d. 小論文

(3) どうして、③面接のときにはAさんのほうがほめられますか。
　　a. 面接をする人は、Aさんががんばっていたことを知っているから。
　　b. 面接をする人は、Aさんのほうをほめたいと思っているから。
　　c. 面接をする人は、Aさんが大学に合格したことしかわからないから。
　　d. 面接をする人は、Aさんが受験に必要無い授業はサボっていたと思うから。

計　（　20　）

問題 Ⅱ　次の文章を読んで、質問に答えましょう。

　ある旅行会社の発表によると、1年間に、海外から来る旅行者の数が最も多いのは、約7500万人のフランスで、2位に3000万人くらい差をつけて、①ダントツの1位だということです。

　フランスの他には、アジアでは中国が4位に入っているだけで、（　②　）をはじめとして、イタリアやイギリスやドイツなど、上位のほとんどが、ヨーロッパの国でした。ヨーロッパでは、最近、法律が新しくなって、他の地域に比べて海外旅行がしやすくなったことが③その理由だと言われています。

質問

(1)　①ダントツとはどんな意味で使われていますか。

　　a. 2位にものすごく大きな差をつけて

　　b. 2位との差はほとんど無いが

　　c. いつも同じように1位だったので

　　d. 今までずっと2位だったが

(2)　（　②　）に入る国はどれですか。

　　a. アメリカ　　　b. スペイン　　　c. オーストラリア　　　d. カナダ

(3)　③その理由の「その」とは何ですか。
　　a. 海外から来る旅行者の数が、アジアの中では中国が最も多かったこと。
　　b. 最近、ヨーロッパの法律が新しく変わったこと。
　　c. ある旅行会社が、海外から来る旅行者の数を発表したこと。
　　d. 海外から来る旅行者の数の上位が、ほとんどヨーロッパの国だったこと。

計　（20）

問題 Ⅲ　次の文章を読んで、質問に答えましょう。

木村さんへ

　お元気ですか。風邪などひいていませんか。そちらは日本に比べてとても寒いということなので心配しています。日本もだんだん寒くなってきましたが、山の紅葉もきれいで、とても気持ちのいい季節です。でも、私は最近ちょっと風邪気

味^みです…。

昨日^{きのう}、荷物^{にもつ}が届^{とど}きました。クッキーと絵葉書^{えはがき}と写真ですね。気をつかっていただいて、本当にありがとうございます。とても①うれしかったです。

木村^{きむら}さんがピアノの勉強^{きむら}をすると言ってチェコに行ってから、3か月が経^たちました。もう生活には慣^なれましたか。木村^{きむら}さんがチェコに行って以来^{いらい}ずっと中山^{なかやま}さんが、②「私も海外^{かいがい}へ行きたい」と、会うたびに言っていましたが、今はそれを忘れてしまうくらい忙しくて大変^{たいへん}だそうです。それに、重要^{じゅうよう}な仕事をもらったものだから、今どこかへ行くわけにはいかなくなってしまったようです。

チェコといえば、この前、宇宙^{うちゅう}についての大きな会議が開かれたそうですね。日本でもテレビのニュースや新聞で放送^{ほうそう}していました。新聞に（　③　）、小学校で勉強した内容^{ないよう}が、変^かわってしまうということなので驚^{おどろ}いています。その会議には、④日本人もたくさん参加^{さんか}していたようで、よくテレビに映^{うつ}っていました。木村^{きむら}さんにとっては全然^{ぜんぜん}関係の無^ない会議なのに、その会議の様子^{ようす}が放送^{ほうそう}されるたびに、木村^{きむら}さんを探^{さが}してしまいました。

ピアノの練習^{れんしゅう}はどうですか。言葉は覚えましたか。一人で大変^{たいへん}でしょうけど、今はがんばるしかないですね。木村^{きむら}さんが、プロの（　⑤　）になって帰ってくる日を、東京^{とうきょう}で楽^{たの}しみに待っています。

では、またメールします。体に気をつけてがんばってください！

山口^{やまぐち}

質問^{しつもん}

(1) 山口^{やまぐち}さんはいつメールを書きましたか。

　a. 春　　b. 夏　　c. 秋　　d. 冬

(2) 山口^{やまぐち}さんはどうして①うれしかったですか。

　a. 木村^{きむら}さんが、チェコに行っても、自分のことを気にしてくれたから。
　b. 木村^{きむら}さんが、大好きなクッキーを送ってくれたから。
　c. 木村^{きむら}さんが、寒いのに風邪^{かぜ}をひかないで元気にしているから。

d. 木村さんが、風邪をひいた自分を心配して荷物を送ってくれたから。

(3) 中山さんはいつ②「私も海外へ行きたい」と言いましたか。

　a. 木村さんがチェコに行く前からずっと、山口さんと会うとき。

　b. 木村さんがチェコに行ってからずっと、山口さんと会うとき。

　c. 木村さんと山口さんと三人で会うときはいつも。

　d. 木村さんがピアノの勉強をすると言ってからずっと。

(4) （③）に入る言葉は何ですか。

　a. かわって　　b. おいて　　c. したがって　　d. よると

(5) ④日本人もたくさん参加していたのは何ですか。

　a. 日本の小学校の勉強についての話し合い。

　b. プロのピアニストになるための話し合い。

　c. 宇宙についての大きな話し合い。

　d. テレビのニュースや新聞の放送についての話し合い。

(6) （⑤）に入る言葉は何ですか。

　a. コンサート　　b. クラシック　　c. ピアニスト　　d. スター

計（ 40 ）

問題 IV　ていねいな言い方に変えましょう。

(例) 明日雨だって。　→ 　明日は、雨だそうです　　　。

(1) コーヒーと紅茶どっちがいい？　→ _____。

(2) トイレ借りてもいい？　　　　　→ _____。

(3) 一緒に帰ろうよ。　　　　　　　→ _____。

(4) 電車で行ったほうがいいんじゃない。

　→ _____。

(5) あ、チケット忘れてきちゃった。

　→ _____。

×4 （20）

答案

第 1 課
問題 I
(1) 専門の　(2) 最近は　(3) テーマに　(4) 発表を　(5) 方言に　(6) 担当に　(7) 頭に
問題 II
(1) 作っている　(2) 説明する　(3) 予約した
問題 III
(1) ついて、　(2) ついての　(3) ついての
(4) ついて、　(5) ついての　(6) ついての
問題 IV
(1) 日本語能力試験について教えていただけませんか。　(2) 郵便局に行ったらあと 5 分くらいで閉まるところでした。　(3) もしもしワンですけど、今駅に着いたところです。　(4) 私はデザインについて詳しく勉強したいです。　(5) ツアーについての情報はこちらをご覧ください。
問題 V
(1) 3 時に会議が終わるから／会議が 3 時まであるから。　(2) (マリンタワーに行きたいが、) 場所がよくわからないから。
問題 VI
(1) 寒い　(2) いそがしい　(3) もくひょう
(4) 東口　(5) 文化祭　(6) かだい
チャレンジ
(1) ①お久しぶりです　(2) ②かんきょう
③おせわになる　(3) ④失礼します　⑤思い出す
(4) (解答例) ⑥何かのすぐ後
(5) ⑦出発するところ／出るところ
(6) ⑧資料を見て、自分の国の経済についての作文を書きました。　(7) ⑨事情、理由
(8) ⑩引越しを手伝ってください。／手伝っていただけませんか。／手伝っていただけないでしょうか。

第 2 課
問題 I
(1) いいよ　(2) 仕事は　(3) 大事に　(4) すみ

ませんが　(5) お先に
問題 II
(1) 疲れ　(2) サボり　(3) 下がり　(4) 遅れ
(5) 増え、減り
問題 III
(1) d　(2) g　(3) a　(4) e　(5) c　(6) f
問題 IV
(1) 夫が帰って来ないうちに晩ご飯を作ります
(2) 山田さんと話しているうちに子供がどこかへ行ってしまいました　(3) 最近、カップラーメンばかり食べているので栄養が不足気味です　(4) 雪国では雪が降らないうちにいろいろな準備をします　(5) 近頃、祖母がやせ気味なのでとても心配です　(6) アルバイトのしすぎで先月から成績が下がり気味です　(7) お母さんが怒らないうちにゲームをやめて勉強しよう
問題 V
(1) ○　(2) ×　携帯電話の番号を教えてもらってもいいですか　(3) ×　はい、わかりました
(4) ×　ええ、どうぞ
問題 VI
(1) 熱　(2) いたい　(3) むり　(4) 太る
(5) 自然　(6) りっぱ　(7) 許す　(8) りれきしょ
チャレンジ
(1) ①うちに　(2) ②ちゅうしゃ　③むかえ
(3) ④増やす　⑤否定形　(4) ⑥b　(5) ⑦a
(6) ⑧今、お客さんが少ないので、忙しくならないうちに休憩してきてください　(7) ⑨ええ、いいですよ　(8) ⑩教室で勉強してもよろしいでしょうか

第 3 課
問題 I
(1) 鈴木選手の　(2) 代表に　(3) 世界で
(4) 国の　(5) おかげで　(6) 目標が　(7) 本当に

問題Ⅱ

(1) 先生が本を紹介してくれたおかげで、歴史が好きになった　(2) 毎日新聞を読んでいるおかげで、漢字がわかるようになってきた　(3) 友達に聞いたアドバイスのおかげで、試験勉強がうまく進んだ　(4) 娘に買ってもらったマフラーのおかげで、全然寒くない　(5) 雨が降っていたが（けど）、母が車で迎えに来てくれたおかげでぬれなかった

問題Ⅲ

(1) ずっとやめないで続けること　(2) 人の体の動きのこと　(3) お金をもらわずに自分から進んで働く人のこと

問題Ⅳ

(1) 彼が言ったようにしたら、上手にできました
(2) この子を、みんなに愛されるような子に育てたい　(3) パクさんは日本人が書いたような字を書きました　(4) コーヒーに砂糖を入れすぎて、コーラのように甘くなってしまった　(5) あの2人は仲がよくて、いつも恋人のようにしている
(6) 相手が強かったので、コーチに言われたようにできませんでした

問題Ⅴ

(1) ×　(2) ○　(3) ×　(4) ○　(5) ○

問題Ⅵ

(1) 新聞　(2) 気持ち　(3) かんしゃ　(4) 迷う
(5) お城　(6) 調子　(7) きょうみ　(8) ねんがじょう

チャレンジ

(1) ①ように　②ように　(2) ③おれい　④にもつ　(3) ⑤直接　⑥連れて行く　(4) ⑦c
(5) ⑧上手に（上手く）できました　(6) ⑨（解答例）昨日岡田さんに、おいしい日本料理の作り方を教えていただいたおかげで、今日家で上手に作ることができました。ありがとうございました。

第4課

問題Ⅰ

(1) 一つは　(2) アイスコーヒーで　(3) 伝票が
(4) アイスって（と）

問題Ⅱ

(1) 東京は初めてな（の）ものですから、どのバスに乗ればいいか分かりません　(2) 豆腐が大好きなものですから、全部食べてしまいました
(3) そのままでも食べられると聞いたものですから、食べてみたけど、苦くて食べられませんでした

問題Ⅲ

(1) f　(2) a　(3) e　(4) d　(5) b

問題Ⅳ

(1) お姉ちゃんが勉強している最中だから、静かにしなさい　(2) 今調べている最中なので、少しだけ待っていていただけますか　(3) 大事なピアノの発表の最中に、おなかが痛くなってきた

問題Ⅴ

(1)（解答例）ごめんなさい　(2) いいですよ
(3) 結構です

問題Ⅵ

(1) ちゅうもん　(2) かわく　(3) こじんてき
(4) 起きる　(5) 必要　(6) なっとく　(7) 返信
(8) しょうたいじょう

チャレンジ

(1) ①やめる　②でない　(2) ③かこむ　④さいばん　(3) ⑤欠席する　⑥完成する　(4) ⑦a
(5) ⑧（解答例）私は、携帯電話は一つあれば大丈夫なので、結構です

第5課

問題Ⅰ

(1) 作曲家が　(2) ビールで　(3) 四季が
(4) 梅雨は　(5) などが　(6) 遊びに

問題Ⅱ

(1) e　(2) d　(3) g　(4) b　(5) a
(6) c

問題Ⅲ

(1) 性格も大事なら顔も大事ですが経済力は大事ではありません　(2) ブラジル人もいれば中国人もいますがイギリス人はいません　(3) 試験も簡単なら入学金も安いですが場所が遠いです　(4) 女優も上手ければ景色も美しいですが話がつまらないです　(5) 友達にもやさしければ家族にもやさしいですが仕事にはきびしいです

問題Ⅳ

(1) 今年は、去年に比べてバイクの事故が少ないです　(2) ここは、春に比べて夏のほうが人がたくさん来ます　(3) 日本では、バスに比べて電車を使う人のほうが多いです　(4) 私の兄は、ワインはビールに比べて飲みやすいと言います

問題Ⅴ

(1) 札幌　(2) 高くなる　(3) 方言　(4) 国内
(5) に比べて

問題Ⅵ
(1) 参加者　(2) 企業　(3) みずうみ　(4) じんじゃ
(5) ゆにゅう　(6) つうか　(7) 科目　(8) きほんじょうほう
チャレンジ
(1) ①自分で食事を作ること　(2) ②ちり　③こうさてん　(3) ④比較する　⑤曲がる　(4) ⑥私のより中村さんの携帯のほうが便利です　(5) ⑦ a　(6) ⑧新しく引っ越したアパートの近くには、コンビニもあれば銀行もあるので、うれしいです

第6課
問題Ⅰ
(1) ゆれで　(2) 見ると　(3) 飲みかけの
(4) 元栓を　(5) 火事に　(6) 今度は　(7) 終わるのを
問題Ⅱ
(1) 傘　(2) 毛　(3) 泥
問題Ⅲ
(1) 書きかけの　(2) 壊れかけの　(3) 言い
(4) 走り（急ぎ）　(5) 寝
問題Ⅳ
(1) 味　(2) におい　(3) 声
問題Ⅴ
(1) b　(2) a
問題Ⅵ
(1) ありました　(2) ある　(3) いました
問題Ⅶ
(1) じこさいてん　(2) そくほう　(3) 恐ろしさ
(4) 閉じ込める　(5) 途中　(6) くだもの
(7) ころもがえ　(8) みのまわり
チャレンジ
(1) ① d　(2) ② b　(3) ③つなみ　④とうきょうわん　(4) ⑤状態　⑥間違い　(5) ⑦夫は夕飯を食べかけたまま、テレビを見はじめました　使わない言葉（かけて）　(6) ⑧先週キャンプに行った場所は、虫だらけで嫌でした　⑨私は雑誌を買っても捨てないので、部屋は雑誌だらけになってしいまいます　(7) ⑩電気がつけてありました

第7課
問題Ⅰ
(1) 12月に　(2) 話に　(3) サラリーマンや
(4) 神戸ビールの　(5) 今までの　(6) 買いにきたと　(7) お客さんが

問題Ⅱ
(1) 先生の話によると、この専門学校はとてもいいそうです　(2) ニュースによると、昨日家の近くで事件があったそうです　(3) 母親の話によれば、私は小さい頃から元気だったそうです
(4) 天気予報によれば、今週はずっと雨らしいね
(5) 小野さんから聞いた話によると、中田さんは今マレーシアにいるんだって
問題Ⅲ
(1)（天気予報）（台風が近づいている）　(2)（リーさん）（ワンさんは今日学校を休む）　(3)（先生）（明日は10時に渋谷駅に来る）　(4)（警察）（その犯人はまだ捕まっていない）　(5)（中国から来た学生）（このアニメは中国でも人気がある）
問題Ⅳ
(間) 直接：先生からもらったメールに、来月からクラスの人数が増えますと書いてありました
簡単：来月からクラスの人数が増えるらしいです
問題Ⅴ
(1) 市場　(2) 拡大　(3) 売り切れ　(4) かんけいしゃ　(5) 祖父　(6) えんりょする　(7) くわしい　(8) しいくがかり
チャレンジ
(1) ① b　② a　(2) ③しょう　④たいけん
(3) ⑤作家　⑥吸う　(4) ⑦ソウルに住んでいる兄の話によると、今年はたくさんの日本人が旅行に来ているということです　使わない言葉（そうです）　(5) ⑧電車が遅れているので10分ぐらい遅れるそうです

第8課
問題Ⅰ
(1) 一週間に　(2) 大変なのは　(3) 寝ないで
(4) 何か
問題Ⅱ
(1) 私と同じくらい／ほどの背の高さです　(2) 胸が苦しくなるくらい／ほど好きです　(3) 涙が出るくらい／ほど感動しました　(4) 血が出るくらい／ほど歯をみがかなくてもいいです　(5) 歩けなくなるくらい／ほどお酒を飲んでしまいました
問題Ⅲ
(1) たびに　(2) たびに　(3) のたびに　(4) たびに　(5) たびに　(6) のたびに

問題Ⅳ

(1) 親が悲しがるようなことはするな　使わない言葉（悲しい）　(2) 中村さんは中田さんがたばこを吸うのをいやがっています　使わない言葉（いやで）　(3) 娘は小さいころ、アイドルになりたがっていましたが、今は看護士になって病院で働いています　使わない言葉（なりたい）

問題Ⅴ

(1) ちょっと入ってみませんか　(2) お茶でも飲まない　(3) 一つ食べてみる　(4) 次はあれに乗ろうよ　(5) 一緒に行かない　(6) 絶対見に行きましょう

問題Ⅵ

(1) 悩み　(2) 方法　(3) いぜん　(4) 試す　(5) よごれ　(6) せんざい　(7) にってい　(8) すすめる　(9) 両親　(10) おどろく

チャレンジ

(1) ①来月、道子さんの誕生パーティーに一緒に行きませんか　②ぜいこみ　③きねん　(3) ④汗　⑤息子　(4) ⑥口から火が出るくらいの辛さです　使わない言葉（辛いです）　⑦今朝の地震はビルが倒れるほどのゆれでした　使わない言葉（ゆれました）　(5) ⑧（いつも）（怖い）

第9課
問題Ⅰ

(1) 日本人が　(2) 値段も　(3) ビールと　(4) ドイツを　(5) 中国だ　(6) チンタオ　(7) ロシアや　(8) これも

問題Ⅱ

(1) 日本はアメリカをはじめ、世界中から食べ物を輸入しています　使わない言葉（アメリカと）　(2) この本は英語をはじめ、いろんな国の言葉に訳されています　使わない言葉（外国語）　(3) この動物園では、パンダをはじめとして、人気が高い動物がたくさん飼われています　使わない言葉（はじめて、）

問題Ⅲ

(1) 携帯といえば　(2) 番号はそのままというと

問題Ⅳ

(1) フランス語を勉強するのなら、FOVAがいいですよ　(2) 結婚式を挙げたいのなら、岡田屋のサービスセンターに行くといいですよ　(3) 商店街にいるのなら、あと2、3分で着きますよ

問題Ⅴ

(1) つくる　(2) 役立つ　(3) だいとうりょう　(4) さんそ　(5) 含む　(6) 人物　(7) 区役所　(8) みぢかな

チャレンジ

(1) ①物の値段　(2) ②せかいてき　③やくす　(3) ④宣伝　⑤若者　(4) ⑥ワインというとフランスをはじめ、ヨーロッパが有名ですが、チリをはじめ、南米も有名です　(5) ⑦中村さん

第10課
問題Ⅰ

(1) うるさいと　(2) いいことだ　(3) 自然と　(4) 友達に　(5) 世話を　(6) 販売の　(7) 自信を

問題Ⅱ

(1) 忘れっぽい　(2) 女性っぽい　(3) 子供っぽい

問題Ⅲ

(1) ×　(2) ○　(3) ×　(4) ×

問題Ⅳ

(1) d　(2) a　(3) b

問題Ⅴ

(1) 彼女の肌は雪のように白いです　(2) パクさんは歌が上手くて、プロの歌手のようです　(3) 東京タワーの上から見ると、車がありのように見えます

問題Ⅵ

(1) 元気　(2) 着き　(3) よさ　(4) うれし　(5) 優し

問題Ⅶ

(1) びょうしゃ　(2) 希望　(3) ねんれい　(4) つうきんじかん　(5) しゅっしんち　(6) 茶色　(7) 生年月日　(8) ゆうじゅうふだん

チャレンジ

(1) ①c　(2) ②じこピーアール　③しょくれき　(3) ④能力　⑤知人　(4) ⑥もうすぐ赤ちゃんが寝そうだから、静かにしてください　使わない言葉（寝る）　(5) ⑦d

第11課
問題Ⅰ

(1) 日本に　(2) 外国の　(3) 就職説明会を　(4) 実際に　(5) 電話か　(6) 定員に

問題Ⅱ

(1) 送られてくることになっています　(2) 面接

に行くことになっています　（3）欠席ということになっているので　（4）7時ということになっていますから　（5）吸ってはいけないことになっているから

問題Ⅲ
（1）終わり　（2）着き　（3）帰ってき

問題Ⅳ
（1）c　（2）f　（3）e　（4）d　（5）b

問題Ⅴ
（1）（株式会社宝の山社の）就職試験　（2）メールで応募する　（3）新さいたま市民ホール1階
（4）11月23日午前9時から13時半まで　（5）来年4月に大学を卒業する人　（6）株式会社宝の山社

問題Ⅵ
（1）しかく　（2）係（り）　（3）てきかくな
（4）内容　（5）外出　（6）おくがい　（7）問い合わせ　（8）ひきおとし

チャレンジ
（1）①人を集めること　（2）②どうきゅうかい
③しゅさい　（3）④不参加　⑤日時
（4）⑥その日は、用事があって実家に帰ることになっているので、学校には来ません　（5）⑦地震につきましては、新しい情報が入り次第お伝えいたします　使わない言葉（入って）　（6）⑧b

第12課

問題Ⅰ
（1）すぐに　（2）韓国語で　（3）日本語しか
（4）週末は　（5）みなさんも

問題Ⅱ
（1）としては、としては　（2）としては、としては　（3）としても、としても

問題Ⅲ
（1）c　（2）b　（3）e　（4）a

問題Ⅳ
（1）b　（2）b　（3）a　（4）b

問題Ⅴ
（1）できない　（2）変えよう　（3）話した　（4）行った

問題Ⅵ
（1）がくぶ　（2）決定　（3）さんせい　（4）訳す
（5）けんしゅうせい　（6）犯人　（7）教授　（8）たちば

チャレンジ
（1）①（解答例）まずガスの元栓をしめたほうがいいと思います　（2）②けつろん　③たいいくかい　（3）④手術　⑤飼う　（4）⑥としては、たと

え、降ったとしても／降っても、思います
（5）⑦何時間話しても無料ですが、基本料金が9800円で少し高いです　（6）⑧b

第13課

問題Ⅰ
（1）リヴァプールと　（2）小さいころから
（3）マスコミの　（4）森を　（5）最高の　（6）私に　（7）気持ちさえ

問題Ⅱ
（1）親　（2）留学生　（3）その町に住んでいる人
（4）たばこを吸わない人

問題Ⅲ
（1）に対して　（2）に対して　（3）のに対して
（4）に対して　（5）のに対して

問題Ⅳ
（1）コーヒーさえ飲めれば　（2）普通の車の運転免許さえ持っていれば　（3）2級にさえ合格していれば　（4）話すことさえできれば　（5）7時18分の電車に乗ることさえできれば

問題Ⅴ
（1）つくまい　（2）外すまい　（3）言うまい

問題Ⅵ
（1）担当　（2）教師　（3）たにん　（4）市民
（5）じゅうだい　（6）こしょう　（7）腰　（8）自由化

チャレンジ
（1）①c　（2）②かち　③このみ　（3）④非常に
⑤人生　（4）⑥b　（5）⑦環境問題は日本人にとって、身近な問題になってきました　（6）⑧c

第14課

問題Ⅰ
（1）あなたに　（2）夢でも　（3）がんばっていることを　（4）おじいさんを　（5）帰れないのを
（6）絶対に

問題Ⅱ
（1）取りに帰ることはないよ。　（2）そんなに泣くことはないでしょう。　（3）こっちが謝ることはない。　（4）急ぐことはないよ。　（5）本気で怒ることはないでしょう。　（6）難しく考えることはないよ。

問題Ⅲ
（1）優勝するためには、練習するしかないと思います　使わない言葉（練習した）　（2）彼女の病

気を治すには、手術をするしかないようです　使わない言葉（したい）　(3) バスは 1 時間に 1 本しか来ないので、少し高いけどタクシーで行くしかありませんね　使わない言葉（行こう）

問題Ⅳ

(1) のかわり　(2) かわりに　(3) かわって
(4) にかわって

問題Ⅴ

(1) 目を休ませながら仕事をした　(2) はっきりと断った　(3) 両方買えば　(4) 今日は家で寝ていた　(5) 恋人がいるかどうか聞いてみれば

問題Ⅵ

(1) いりょう　(2) 優れた　(3) 再来年　(4) しゅうちゅう　(5) 探す　(6) いちまんえんさつ
(7) 外食　(8) じすい

チャレンジ

(1) ①d　(2) ②こい　③きゅうよう　(3) ④学ぶ
⑤集合　(4) ⑥c　(5) ⑦けんかをしたなら、電話やメールするかわりに、会って話したほうがいいと思うよ　(6) ⑧b

第 15 課

問題Ⅰ

(1) 地方を　(2) 夜に　(3) 中心に　(4) 東日本で　(5) おそれが　(6) 温帯低気圧に　(7) 台風情報に

問題Ⅱ

(1) インドからマレーシアにかけて　(2) 3 月の後半から 4 月の中旬にかけて　(3) 20 代から 50代にかけて　(4) この橋から向こうのビルの前にかけて

問題Ⅲ

(1) この荷物は気を付けて運ばないと、割れてしまうおそれがあります　(2) 子供だけだと、迷子になるおそれがあるので、一緒について行きます
(3) インフルエンザのおそれがあるので、注射を打つことにしました　(4) 思っていたよりも人がたくさん集まっているので、定員を超えてしまうおそれがあります

問題Ⅳ

(1) 忘れ　(2) 捨てて　(3) 思われ　(4) 強く

問題Ⅴ

(1) a　(2) b

問題Ⅵ

(1) こんざつ　(2) 原因　(3) るす　(4) 調理する

チャレンジ

(1) ①b　(2) ②せんこう　③つく　(3) ④使い分ける　⑤高速道路　(4) ⑥c　(5) ⑦c　⑧b
⑨d

第 16 課

問題Ⅰ

(1) 時代と　(2) そのままの　(3) じまんの
(4) 経つの　(5) テレビで　(6) 変わると
(7) 食材も　(8) 楽しみに

問題Ⅱ

(1) d　(2) b　(3) b　(4) c

問題Ⅲ

(1) ○　(2) ○　(3) ×　(4) ×

問題Ⅳ

(1) 高校生のとき、3 年間テニスをしていました
(2) 学生のときからずっと、この雑誌を読んでいます　(3) 今まで 5 年間、郵便局で働いてきました　(4) 大学生になるまで、このかばんを使っていました　(5) これからもずっとバスケットを続けていきます

問題Ⅴ

(1) こうれいか　(2) 税金　(3) 妻　(4) える
(5) 保育園　(6) かいごふくし　(7) 過去
(8) 未来

チャレンジ

(1) ①決められた年齢になって仕事を辞めること
(2) ②しゅやく　③そうおん　(3) ④書道　⑤懐かしい　(4) ⑥c　⑦a　⑧b　(5) ⑨来週から新入社員が入ってくるのに伴って、新しいパソコンを 5 台も買うことになりました

第 17 課

問題Ⅰ

(1) 涙が　(2) 私の　(3) ばかりに　(4) ゆっくりと　(5) 何でもないことかも　(6) 子供に
(7) 子供のころは　(8) にっこりと

問題Ⅱ

(1) 壊れた　(2) 食べ過ぎた　(3) 寝不足の
(4) 怖かった　(5) 風邪の

問題Ⅲ

(1) ×　(2) ×　(3) ○　(4) ×

問題Ⅳ

(1) 悩んでいた　(2) 出よう　(3) ところに

問題V

(1) 少年は警察の姿を見たとたん、走り出しました　使わない言葉（見て）　(2) 試験が終わったとたん、全く勉強しなくなってしまった　使わない言葉（終わり）

問題VI

(1) 抱く　(2) あらわれる　(3) 見送る　(4) せいさん

チャレンジ

(1) ①d　(2) ②えだ　③にわ　④電球　⑤定期券　(4) ⑥b　(5) ⑦昨日は、とても疲れていて、お風呂から出たとたん、そのままベッドで寝てしまいました

第18課

問題Ⅰ

(1) 課題で　(2) 質問を　(3) 答えを　(4) 多くなるに　(5) 一日も　(6) 上がるに　(7) 時代が

問題Ⅱ

(1) つれて　(2) 近づく　(3) につれて　(4) に

問題Ⅲ

(1) b　(2) b　(3) d

問題Ⅳ

(1) 嫌われる　(2) 太る　(3) 売れなくなる　(4) 混む　(5) たまる

問題Ⅴ

(1) 広く　(2) きたなく　(3) 静かに　(4) 元気に　(5) 少なくなって　(6) きれいになって

問題Ⅵ

(1) ものごと　(2) 盛り上がる　(3) 雲　(4) 調査　(5) 天然　(6) じょうしょう　(7) ひがい　(8) しつれん

チャレンジ

(1) ①d　(2) ②しゅくしょう　③きょり　(3) ④増加する　⑤減少する　(4) ⑥街の中心から離れていくにつれて、道路もすいてくるから、(5) ⑦b　⑧d

第19課

問題Ⅰ

(1) 勉強したいことに　(2) 日常会話で　(3) 中心に　(4) このテストの　(5) 面接の結果を　(6) 学習者のニーズに

問題Ⅱ

(1) 祖父の話　(2) 設計図　(3) 試験問題

(4) 実話　(5) 意見　(6) 会話

問題Ⅲ

(1) d　(2) a　(3) a

問題Ⅳ

(1) 相手の希望に応じて、予定を変えました

(2) 家族が反対したのに応じて、父は引越しを中止しました　(3) あの会社は、私達の反対意見に応じないで、工事を始めてしまいました

問題Ⅴ

(1) だれでも　(2) 何でも　(3) いつでも　(4) 何でも

問題Ⅵ

(1) b・d　(2) a・c　(3) d・a

問題Ⅶ

(1) しょしんしゃ　(2) 進路　(3) 総合　(4) 物理　(5) よさん　(6) ていあん

チャレンジ

(1) ①人気が出てはやること　(2) ②こうそう　③こうねつひ　(3) ④建設　⑤屋根　(4) ⑥間違っている部分（生活するを）　この映画は、主人公の少年の生活を中心に作られています　⑦間違っている部分（結果がもとにして）　今までの試合の内容と結果をもとにして、練習メニューを考えました　(5) ⑧筆の値段や質は問わず、どんな筆でも同じように書けると言いました　使わない言葉（どちら）

第20課

問題Ⅰ

(1) 車椅子の　(2) やってみようと　(3) 友達の話に　(4) まんがで　(5) バスケットなら　(6) チームスポーツだ　(7) スター選手に　(8) 手紙に

問題Ⅱ

(1) 読みきった　(2) 使いきった　(3) 走りきった　(4) 話しきれない

問題Ⅲ

(1) b　(2) d　(3) b

問題Ⅳ

(1) 私の字はきれいとは言いがたいので、他の人に頼んでください　使わない言葉（言う）

(2) 自分の子供をかわいがらない親の気持ちは理解しがたい　使わない言葉（理解する）　(3) 自分は試合に出ていないから、優勝しても喜びがたい　使わない言葉（たら、）

問題V
(1) b　(2) a　(3) d　(4) a

問題VI
(1) 逆転　(2) きょうちょう　(3) 完了　(4) 5秒　(5) 作業　(6) だんかい　(7) あつい
(8) きょうしゅうじょ

チャレンジ
(1) ①仕事や研究、調査などの結果や内容についてだれかに知らせる（伝える）こと　(2) ②へいき　③ちょうじょう　(3) ④感動　⑤桜
(4) ⑥あんな細い女性が（一人で）二人前のカレーライスを（一人で）食べきったなんて信じがたいです　使わない言葉（食べて）　⑦道に迷って、ようやく会場へ着いたときには、もうお客さんが帰り始めていました　使わない言葉（ところ）
(5) ⑧b

総合テスト（文法）
問題I
(1) したがって　(2) 対して　(3) 応じて
(4) 比べて　(5) かわって　(6) かけて
(7) よると　(8) おいて
問題II
(1) 最近は、勉強をサボり気味なので、今日は、帰って勉強します（サボる）　(2) ワンさんが手伝ってくれたおかげで、仕事が終わりました（手伝ってくれる）　(3) そんな夢のような話は信じられません（ように）　(4) イギリスに行くのだから、英語を勉強しないわけにはいきません（勉強する）　(5) 部屋に入ったら、飲みかけのジュースがおいてありました（飲め）　(6) 赤ちゃんが何か言いたがっていますが、まだ上手に話せません（言った）　(7) たとえ国に帰っても（絶対に）あなたのことは（絶対に）忘れません（帰った）
(8) 大学を卒業して以来、10年ぶりにここへ来てみました（卒業した）　(9)「さようなら」と言われたとたん、涙が出てきてしまいました（言われる）　(10) 最近は、理解しがたい事件が多いです（理解して）
問題III
(1) a　(2) b　(3) b　(4) b　(5) a
(6) a　(7) a　(8) b
問題IV
(1) a・c・b　(2) b・a・c　(3) b・c・a

問題V
(1) 近づきがたい　(2) あるたびに　(3) くやしがったり　(4) 大人になるにつれて

総合テスト（語彙）
問題I
(1) 平日　(2) 簡単　(3) 地球　(4) 遅刻
(5) 予定　(6) 出会い　(7) 留守　(8) 増える
(9) 積もる　(10) 経験　(11) 連絡　(12) 結果
(13) 性別　(14) 感じる　(15) 様子　(16) 立場
問題II
(1) もくひょう　(2) ひかくする　(3) かんらんしゃ　(4) こっせつ　(5) てんねん　(6) おとしより　(7) がくれき　(8) しょうぼうし　(9) ひよう　(10) しかく　(11) きげん　(12) がいしょく　(13) せんこう　(14) つく　(15) しょうさい　(16) おとずれる　(17) きんちょうする
(18) かいごふくし　(19) かんきょうもんだい
(20) さっきょくか
問題III
(1) マンション・エレベーター　(2) レポート・メール　(3) インタビュー・サラリーマン　(4) ワイン・アルコール　(5) スノーボード・レントゲン
問題IV（解答例）
(1) いい病院を教えていただいたおかげで、すっかりよくなりました。　(2) 初めてだったのに、なかなか上手にできました。　(3) ひょっとしたら彼はまだ寝ているかもしれません。　(4) 遠足に行くのに、わざわざ新しい服を買うことはないと思います。　他

総合テスト（読解）
問題I（配点）：(1) 6　(2) 6　(3) 8
(1) b　(2) b　(3) c
問題II（配点）：(1) 7　(2) 6　(3) 7
(1) a　(2) b　(3) d
問題III（配点）：(1) 5　(2) 8　(3) 8　(4) 6　(5) 7　(6) 6
(1) c　(2) a　(3) b　(4) d　(5) c
(6) c
問題IV（解答例）
(1) コーヒーと紅茶とどちらがいいですか。
(2) トイレを借りてもいいですか。　(3) 一緒に帰りましょうよ。　(4) 電車で行ったほうがいいと思います。　(5) あ、チケットを忘れてきてしまいました。